IDÉE PRINCIPALE—
STYLE VARIÉ

IDÉE PRINCIPALE–STYLE VARIÉ

Stylistique, grammaire, traduction

Maurice Cagnon
Montclair State College

Lillian Szklarczyk
Montclair State College

1817

HARPER & ROW, PUBLISHERS, New York
Grand Rapids, Philadelphia, St. Louis, San Francisco,
London, Singapore, Sydney, Tokyo

Sponsoring Editor: Laura McKenna
Project Editor: Jo-Ann Goldfarb
Text Design: A Good Thing Inc.
Cover Design: Edward Smith Design Inc.
Production Manager: Jeanie Berke
Production Assistant: Beth Maglione
Compositor: TAPSCO, Inc.
Printer and Binder: R. R. Donnelley & Sons Company
Cover Printer: Phoenix Color Corp.

IDÉE PRINCIPALE — STYLE VARIÉ: Stylistique, grammaire, traduction

Library of Congress Cataloging in Publication Data

Cagnon, Maurice.
  Idée principale — style varié: Stylistique, grammaire, traduction
Maurice Cagnon, Lillian Szklarczyk.
    p. cm.
  Bibliography:
  Includes index.
  ISBN 0-06-632098-4
  1. French language—Rhetoric.   2. French language—Textbooks for
foreign speakers—English.   I. Szklarczyk, Lillian.   II. Title.
PC2420.C34 1988
448.2′421—dc19   88-24479
                                                         CIP

88   89   90   91   9   8   7   6   5   4   3   2   1

TO STEVE

TO MAX

Table des matières

PRÉFACE

Idée principale — style varié: Stylistique, grammaire, traduction meets the needs of students who have progressed significantly beyond the basic principles of French and who now wish to acquire the necessary skills for a fluent idiomatic writing style. It is well suited to a wide range of programs, whether they stress translation and interpreting, teacher training, or literature for the general liberal arts major. Too often, though students may express themselves correctly, they are restricted in the formulas at hand for voicing any given idea and have little notion of the rich variety of expressive possibilities in French. *Idée principale — style varié* has grown out of our efforts to increase students' awareness of the diversity of those linguistic resources.

The text works best when adopted to teach students in any strong French language program who are ready to study the finer stylistic points of French. Depending on the program, it can be used successfully in the third or fourth undergraduate year, and in graduate courses as well. Concentrating on the written language, it assumes that the student has already achieved a relatively advanced level of competence in grammar and composition. (Our own French majors use these materials in the third year, after a solid high school background in the language, a full-year freshman course in stylistics and composition, and two one-semester sophomore courses in advanced composition and *explication de texte.*) It is appropriate for courses in advanced grammar, in stylistics, and in comparative stylistics. For this last, we suggest that the instructor supplement the text with theoretical materials to enable students to determine stylistic changes geared to specific contexts. We recommend, for example, J.-P. Vinay and J. Darbelnet's *Stylistique comparée du français et de l'anglais* (Paris: Didier, 1977), Jacqueline Guillemin-Flescher's *Syntaxe comparée du français et de l'anglais (problèmes de traduction)* (Paris: Ophrys, 1981), Michel Ballard's *La Traduction de l'anglais, théorie et pratique* (Lille: Presses Universitaires de Lille, 1980) and *La Traduction: de l'anglais au français* (Paris: Nathan, 1987), and Claude Tatilon's *Traduire: Pour une pédagogie de la traduction* (Toronto: Editions du GREF, 1986).

We have not produced a book designed to replace works currently available on the market, hence the lack of certain features that might otherwise be expected if this were merely another textbook in basic grammar or stylistics. For instance, in Chapter 8, *La conjonction,* we make no mention of coordinating conjunctions, since we are dealing with students who already have sufficient knowledge of such a fundamental grammatical point. Because we teach students to use the widest possible range of expression, the text presents unusual constructions, some of them of the more literary sort. We sometimes caution the student against excessive use of such turns of phrase, for the very care with which they are manipulated gives them their value. Overuse would yield a style notable for its pedantry and pomposity. In a similar vein, we have chosen a vocabulary that stimulates students to enrich their personal French and English lexicon and steers away from the lowest-common-denominator syndrome found altogether too often in textbooks teaching French. Many of the techniques we include are offered as "ways to avoid" some other manner of expression. This is not just gimmickry. A style that repeatedly relies on the same structures is monotonous. The obvious remedy is to substitute an array of alternate procedures for those that tend to recur too regularly.

Our exercises concentrate on translation from English to French. We chose such exercises because we are convinced that there is no better way to achieve mastery of a foreign language than to translate into it. We start, furthermore, from the realistic recognition that the students' richest and most original ideas still take form in their own language, and we proceed toward our goal: to enable them to express that same degree of depth and nuance in French.

Idée principale — style varié contains ten chapters, progressing from the specific parts of speech to general and complex questions concerning *l'ordre des mots* and *la mise en relief.* We begin with the verb—the most important part of speech—followed by its essential modifier, the adverb. Then come the noun and its essential modifiers, adjectives and articles. Next we cover pronouns, prepositions, and conjunctions. Although this order suits us for the pedagogical reasons stated, the grammar sequence is fairly flexible, and instructors may well choose to present the chapters in some other order without detracting from any of their value.

This text provides a valuable ensemble of tools and aids that will enable students to achieve harmony, clarity, and elegance in written French. It is decidedly *not* a treatise meant to bind the students in a straitjacket of absolute rules. On the contrary, its guidelines free them to express themselves with correctness and finesse. The analysis of every technique is immediately followed by sentences in French and English that illustrate the point in question. The sentences highlight the similarities and differences, the supports and interferences between French and English structures. Former students indicate that they continue to consult the text as an indispensable reference book long after the course has ended.

The *Manuel d'exercices* is coordinated to numbered sections of the ten chapters in *Idée principale — style varié*. Model sentence illustrations from the latter are repeated and further visualized by a clear, bold graphic format that sets off each specific technique and allows quick and easy cross-referencing. The student's ability to recognize and express an essential idea—*idée principale*—in as shaded and supple a style as possible—*style varié*—is developed by four distinct types of exercises, which give the student command of both theory and practice. They are listed here and described in detail in the preface to the *Manuel d'exercices.*

- *Assimilation des structures*
- *Exercices de sélection*
- *Exercices de synthèse A* (individual sentences)
- *Exercices de synthèse B* (passages)

The sentences range in style from the literary (*langue littéraire*) to the colloquial (*langue familière*). On the whole, however, the sentences reflect a relatively cultivated or formal French (*langue soignée des gens cultivés*). Where the language is clearly colloquial, the sentence is marked with an asterisk. Where the entire structure belongs to colloquial language, the asterisk is placed in the left margin at the head of the explanation.

TO THE STUDENT

We recommend the following procedure to facilitate mastery of the techniques covered in the text:

- In *Idée principale — style varié,* read the explanation of each technique carefully.
- Read the sentences that illustrate it.
- In the *Manuel d'exercices,* study the corresponding model sentence in *Assimilation des structures* and the analytical diagram that compares the English and French. This diagram is an important visual representation of the technique.
- Reread the explanation, this time noting especially the step from the abstract formula to the linguistic reality.
- Do the exercises.

TO THE INSTRUCTOR

These are suggested course outlines for the text. Instructors will find numerous other adaptations that suit their own curricula.

One semester or quarter

- All of *Idée principale — style varié.*
- All exercises in *Assimilation des structures.*

- Selected sentences from each exercise in *Exercices de sélection* and *Exercices de synthèse,* assigned as homework or incorporated into a 50-minute test at the end of each chapter.

Full year or one graduate semester

- All of *Idée principale — style varié.*
- All exercises in *Assimilation des structures, Exercices de sélection,* and *Exercices de synthèse.*
- Class discussion based on comparison and evaluation of alternative choices in *Exercices de sélection.*
- A 50-minute test at the end of each chapter.

BIBLIOGRAPHY

For students and instructors, we strongly recommend the following complementary tools for use with *Idée principale — style varié: Stylistique, grammaire, traduction.*

Dictionaries

- *Harrap's New Standard French and English Dictionary (Part One: Vol. 1, A–I; Vol. 2, J–Z: French-English).* London: Harrap, 1972.
- *Harrap's New Standard French and English Dictionary (Part Two: Vol. 3, A–K; Vol. 4, L–Z: English-French).* London: Harrap, 1980.
- *Harrap's New College French and English Dictionary.* Lincolnwood, Ill.: National Textbook Company, 1982.
- *Collins-Robert French-English English-French Dictionary.* London: Collins; Paris: Le Robert, 1987.
- *Le Petit Robert: Dictionnaire alphabétique et analogique de la langue française.* Paris: Le Robert, 1988.
- *Dictionnaire des difficultés de la langue française.* Paris: Larousse, 1987.
- *Nouveau Dictionnaire analogique.* Paris: Larousse, 1987.
- *Nouveau Dictionnaire des synonymes.* Paris: Larousse, 1987.

Grammars

- Maurice Grevisse. *Le Bon Usage.* Paris-Gembloux: Duculot, 1980.
- Maurice Grevisse. *Le Français correct: Guide pratique.* Paris-Gembloux: Duculot, 1982.
- Maurice Grevisse et André Goosse. *Nouvelle Grammaire française.* Paris-Gembloux: Duculot, 1980.

- *Grammaire Larousse du français contemporain.* Paris: Larousse, 1987.
- Samuel N. Rosenberg et al. *Harper's Grammar of French.* New York: Harper & Row, 1983.

Style and vocabulary

- Aline Arénilla-Béros. *Améliorez votre style.* Paris: Hatier, 1978, 1983.
- J.-P. Colignon et P.-V. Berthier. *La Pratique du style: Simplicité, précision, harmonie.* Paris-Gembloux: Duculot, 1978.
- J.-P. Colignon et P.-V. Berthier. *Pièges du langage: Barbarismes, solécismes, contresens, pléonasmes.* Paris-Gembloux: Duculot, 1978.
- Roland Godiveau. *1000 Difficultés courantes du français parlé en syntaxe, vocabulaire et prononciation.* Paris-Gembloux: Duculot, 1978.
- James H. Grew and Daniel D. Olivier. *1001 Pitfalls in French.* Woodbury, N.Y.: Barron's Educational Series, 1986.

Punctuation

- Albert Doppagne. *La Bonne Ponctuation: Clarté, précision, efficacité de vos phrases.* Paris-Gembloux: Duculot, 1978.
- J.-P. Colignon. *La Ponctuation: Art et finesse.* Paris: chez l'auteur, 25 avenue Ferdinand-Buisson, 1975.

A gratis instructor's packet of sample translations and teaching suggestions is available through the authors upon adoption of the text and workbook. Interested instructors should mail their requests with proof of book order and course title and number to:

Professor Maurice Cagnon
Department of French
Montclair State College
Upper Montclair, NJ 07043

ACKNOWLEDGMENTS

The authors wish to express their most sincere gratitude to Marilyn Gaddis Rose for her unflagging support and encouragement over the years; to Jo-Ann Goldfarb, Bruce Emmer, Michael McVicker, and Laura McKenna at Harper & Row for their patience, graciousness, and editorial expertise; to Charles Mathews for endless hours of manuscript help; and to their students for continuing contributions in the texts' developing stages.

Special thanks are expressed to Annick Davies, *Emory University,* for her invaluable suggestions. Thanks are also due to the following reviewers for their helpful comments: Francis Assaf, *University of Georgia,* Paul Raymond Côté, *American University;* Gérard Huvé, *George Washington University;* Douglas A. Kibbe, *University of Illinois;* and Joel C. Walz, *University of Georgia.*

M. C.
L. S.

IDÉE PRINCIPALE—
STYLE VARIÉ

1 | LE VERBE

L'étudiant se rappellera qu'il s'agit ici, comme dans toute autre section de ce texte, de procédés et de techniques *possibles,* et non obligatoires, pour varier le style du français *écrit.*

1 | VERBE ANGLAIS TRADUIT PAR UN SUBSTANTIF FRANÇAIS

Le verbe anglais se traduit parfois par un substantif français, en général précédé d'une préposition:

- *Au **récit** des difficultés de son ami, il réagit avec courage.* When his friend **told** of his troubles, he reacted courageously.
- *À la **lecture** de certains romans, on éprouve de fortes émotions.* Upon **reading** (As one **reads**) certain novels, one feels strong emotions.
- *Dès son **retour** à New York, elle se retrouvait tout heureuse.* As soon as she **returned** to New York, she was very happy again.
- *Les villageois prenaient fuite au **passage** des soldats.* The villagers fled as the soldiers **passed** by.

2 | VOIX PASSIVE

On emploie considérablement moins le passif en français qu'en anglais et on évite ainsi la répétition plate de l'auxiliaire *être:*

Moyens d'éviter le passif

---

1. Faire de l'agent ou de l'instrument de l'action le sujet d'une proposition à la voix active. ATTENTION: Retenir l'importance relative des divers éléments de la phrase et des idées:

- *Les fards **relevaient** sa beauté.* Her beauty **was enhanced** by makeup.

2. Employer le pronom indéfini *on* comme sujet quand il n'y a aucun complément d'agent exprimé (introduit par *par* ou *de*):

- ***On** n'**envisagerait** jamais une meilleure solution au problème.* A better solution to the problem **could** never **be envisaged.**

- ***On n'a jamais plus entendu** de ses nouvelles après son départ de la ville.* He **was never heard from again** after he left the city.

3. Mettre le verbe à la forme pronominale si le sujet de la phrase est une chose. REMARQUE: Il faut faire attention à l'accord du participe passé:

- *L'espagnol **se parle** aux États-Unis.* Spanish **is spoken** in the United States.

- *Des usines **se sont établies** et des magasins **se sont ouverts** en Nouvelle-Angleterre.* Factories **were started** and stores **were opened** in New England.

4. Utiliser une construction à la voix active tout en gardant le même sujet. Ce procédé nécessite souvent un changement de verbe:

- *Des cris **s'élevèrent** à la fenêtre et des échos **retentirent.*** Cries **were uttered** at the window and echoes **were heard.**

- *Elle **passe pour** une grande actrice.* She **is considered** a great actress.

5. Utiliser un substantif à la place du verbe:

- *Cette composition est son **œuvre.*** This composition **was written** by him.

- *Cette voiture lui servira d'**instrument** de fuite.* This car **will be used** for his escape.

- *Les artistes ne craignent pas le **mépris** des critiques.* Artists are not afraid of **being scorned** by critics.

3 | PARTICIPE PASSÉ

1. Un participe passé au passif en anglais, employé comme un adjectif modifiant un substantif, peut se traduire en français par une proposition relative à la voix active. Si le verbe de cette proposition relative n'est pas modifié, il peut y avoir inversion du sujet et du verbe, surtout si le sujet est long:

- *L'impression **que provoque ce livre** est forte et rassurante pour le lecteur sensible.* The impression **left by this book** is strong and reassuring to a sensitive reader.

- *Au loin, le long des deux rives du fleuve, je voyais la neige **que balayait le vent.*** In the distance, along both banks of the river, I saw the snow **swept by the wind.**

2. Remplacer l'auxiliaire *être* par un verbe pronominal tout en gardant le participe passé:

- *Les jeunes filles **se trouvèrent embarrassées.*** The girls **were embarrassed.**

- *La victime **se voyait sommée** de paraître devant la cour.* The victim **was summoned** to appear in court.

4 | PARTICIPE PRÉSENT

L'anglais favorise le participe présent et la forme en *-ing.* Le français au contraire évite la prolifération du participe présent avec *en* (gérondif) ou sans *en.* Cette dernière forme correspond souvent à *qui* + un verbe au présent ou à l'imparfait.

Moyens de remplacer le participe présent sans *en*

1. Le remplacer par le participe *passé* d'un autre verbe employé comme adjectif, surtout pour dénoter des positions physiques:

accroché	clinging
agenouillé	kneeling
appuyé	leaning
penché	leaning
accroupi	squatting

assis	sitting, seated
endormi	sleeping
suspendu *(à)*	hanging (from)

- *Les boîtes étaient **posées** côte à côte.* The boxes were **lying** side by side.
- *Nous avons pris un déjeuner **composé** uniquement de légumes.* We ate a lunch **consisting** of vegetables only.

2. Si le participe présent dénote un geste ou une attitude physique, le remplacer par un complément circonstanciel employé dans un sens absolu:[1]

- *Elle ne bougea pas, **le regard fixé** sur l'objet.* She did not move, **fixing her gaze** on the object.
- *Il avança, **le visage bouleversé.*** He went forward, **looking very disturbed.**

3. Après un verbe de perception, rendre, généralement, le participe présent anglais par un infinitif français:

- *Nous ne pouvions même pas nous entendre **parler.*** We could not even hear ourselves **talking.**
- *Le détective observait les gens **déambuler** dans le quartier.* The detective used to watch people **strolling** in the neighborhood.
- *Ils l'ont vu **travailler.*** They saw him **working.**

4. Après un verbe de perception, on peut également rendre le participe présent par une proposition relative (qui, en anglais, est employée uniquement pour particulariser). Il convient de signaler deux situations grammaticales:

A. La proposition relative se rapporte à l'*objet,* par ex., après des verbes tels que *voir* (et de là, *voici, voilà*), *entendre, sentir, surprendre, trouver,* etc. La construction correspond souvent à une proposition avec *as* en anglais:

- *Je le voyais **qui s'acheminait** (le voyais s'acheminer) vers la gare.* I saw him **walking** toward the station.
- *Elle les a rencontrés **qui sortaient** du magasin.* She met them **as they were leaving** the store.

---

[1]Une *construction absolue* consiste en *un substantif* (ou pronom) + *un participe* (présent ou passé). Ces mots, réunis, forment une *proposition participe,* tournure indépendante du reste de la phrase. Exemple: ***La ville prise,*** *elle fut incendiée par les soldats. La ville prise* est l'équivalent (bref et concis) d'une proposition circonstancielle: *Quand la ville eut été prise.*

- *Nous apercevons notre professeur **qui écrit.*** We can see our teacher **writing.**

B. La proposition relative se rapporte au *sujet,* par ex., après *être, là, debout, derrière,* etc.:

- *Elle est à la fenêtre **qui regarde, qui jette** des miettes de pain.* She is at the window, **looking out** and **throwing** bread crumbs.

- *Il était là derrière la porte, **qui s'obstinait à fureter.*** He was there behind the door, **bent on prying.**

REMARQUE: Bien que l'emploi de la proposition relative soit beaucoup plus usuel que celui du participe présent, celui-ci est parfois employé après les verbes de perception suivis d'un complément:

- *Le chasseur découvre un oiseau **planant** très haut dans les airs.* The hunter can see a bird **soaring** high above in the sky.

- *On entendait la grêle **tombant** dans la forêt.* One could hear the hail **falling** in the forest.

Moyens de remplacer *en* + le participe présent

1. Le remplacer par une préposition + un substantif:

- *Tous les jours, ils s'exerçaient en traversant le lac **à la nage.*** Every day they exercised **by swimming** across the lake.

- *L'auteur lit son courrier **dans l'espoir** de trouver une critique élogieuse de sa pièce.* The author reads his mail **hoping** to find a flattering review of his play.

2. En début de phrase, le participe présent avec *en* se rend par un substantif, c.-à-d. le nom d'une chose employé comme sujet:

- ***La lecture** de bons livres enrichit l'esprit (en lisant de bons livres on s'enrichit l'esprit).* **By reading** good books, you enrich your mind.

- ***L'étude et la recherche** apportent un grand plaisir.* One experiences great pleasure **in studying and doing research.**

3. L'apposition permet de varier le style:

- ***Sportif passionné,** il court certains risques.* **By being a fanatic sportsman,** he runs certain risks.

4. *À* + un infinitif exprime la nature de l'action. Placer *rien que* en début de tournure pour la renforcer:

- *(Rien qu')* **à raconter** *des plaisanteries, il se sentait spirituel.* (Just) **by telling** jokes, he thought he was witty.
- *Ils vont se ruiner* **à dépenser** *tout cet argent.* They will ruin themselves **by spending** all that money.
- *Vous avez tout accompli* **à changer** *de carrière.* You have accomplished everything **by changing** careers.
- ***Rien qu'à l'entendre dire*** *deux mots, je jugeai utile de poursuivre la conversation.* **Merely hearing her say** two words, I deemed it advisable to pursue the conversation.

A. *À* + un infinitif après *il y a, il est,* et autres expressions semblables + une locution de quantité traduit l'anglais *-ing:*

- *Il y a nombre de gens* **à participer** *au programme.* There are a good many people **participating** in the program.
- *Il y a (Il est) beaucoup de mérite* **à considérer** *tout le monde honnête.* There is much merit **in considering** everyone honest.

B. Rendre par *à* + le présent de l'infinitif le substantif verbal en *-ing*, seul ou précédé de *in* ou de *with*, quand ce substantif dénote une action prolongée:

- *Ils passent de longues heures* **à bavarder** *ensemble.* They spend long hours **chatting** together.
- *J'ai passé beaucoup de temps à Boston* **à flâner** *dans les rues.* I spent a lot of time in Boston **strolling** through the streets.
- *Elle est toujours* **à me poser** *des questions.* She is forever **asking** me questions.

REMARQUE: *À* + un infinitif indique que l'action dénotée par le verbe conjugué et celle dénotée par l'infinitif sont forcément les mêmes; au contraire, *en* + un participe présent indique que les actions sont différentes:

- *Nous nous amusons* **à étudier.** We enjoy (find pleasure in) **studying.**
- *Nous nous amusons* **en étudiant.** We enjoy ourselves (find something to amuse us) **while studying.**

5. Le participe présent est cependant utile; il permet surtout d'éviter la répétition excessive de *qui* et de *que* et de nuancer les modalités d'action:

A. Il oppose un mouvement lent ou faible au mouvement plus rapide ou puissant du verbe conjugué:

- *Nous pouvons observer dans les villes des piétons* **déambulant** *(tranquillement) et d'autres* **qui se précipitent** *dans la foule.* In cities we can see pedestrians quietly **strolling** and others **hurrying along** in the crowd.

B. Il exprime une durée, une continuité, par opposition à une action momentanée:

- *Habitant, eux, une grande et belle maison, ils observaient l'immeuble d'en face qui se vidait.* **Living in** a large and lovely house, they noticed that the building across the street **was being vacated.**

C. Il traduit l'idée de fuite, d'affaiblissement, de lente disparition, etc.:

- *La nuit s'affaiblissant, l'aube parut soudain comme un éclair.* As night **slowly receded,** dawn **broke** as in a flash.

| **5** | PARTICIPE PASSÉ ACTIF |

Le participe passé actif (par ex., *ayant aimé, étant résolu*), contenant le participe présent, est à utiliser avec soin.

| Moyens d'éviter le participe passé actif |

1. Y substituer le participe passé d'un verbe employé comme adjectif:

- *Rentré à (Ayant atteint) la maison, je me suis reposé.* **Having reached** the house, I rested.
- *Arrivés au sommet de la montagne, les alpinistes se réjouirent de leur exploit.* **Having climbed** to the top of the mountain, the alpinists rejoiced in their achievement.

2. En début de proposition, le remplacer par un substantif, normalement en apposition avec le sujet:

- *Cet homme, acteur (ayant joué) dans la pièce, vient d'être interviewé à la télévision.* This man, **having acted** in the play, has just been interviewed on television.
- *Maître de (Ayant maîtrisé) son métier, l'ébéniste fait des merveilles.* **Having mastered** his craft, the cabinetmaker works wonders.

3. Si le sens le permet, remplacer le participe passé actif et son objet direct par une proposition participe passive (voir note 1, page 4):

- *Leurs examens finis (Ayant fini leurs examens), les étudiants partent en vacances.* **Having finished their examinations,** the students leave on vacation.

6 | RENDRE EN FRANÇAIS UN VERBE + UNE PRÉPOSITION OU UN ADVERBE

1. Très souvent, un simple verbe français sans préposition suffit, surtout lorsqu'il est question d'un verbe ordinaire de mouvement, ou lorsque le contexte n'exige pas de préciser la manière exacte de l'action:

entrer	to go *in*, walk *in*, crawl *in*, fly *in*, etc.
sortir	to go *out*, etc.
partir	
s'en aller	to go *away*, etc.
s'éloigner	
accompagner	to go *with*, etc.
traverser	to go *across* or *through*, etc.
s'approcher	to go *near*, etc.
descendre	to go *down*, etc.
monter	to go *up*, etc.
retourner	to go *back*, etc.

- *L'enfant **a jeté** sa pelle et **a accroché** son seau d'eau.* The child **threw down** (**away**) his shovel and **hung up** his water pail.

- *Il n'est pas facile d'**abandonner** les richesses et le pouvoir.* It is not easy to **give up** wealth and power.

2. En général, il est cependant nécessaire d'indiquer les modalités précises de l'action. Pour ce faire, traduire la préposition ou l'adverbe anglais par un verbe général français y correspondant — par ex., (*go*) *out* par *sortir;* (*drive*) *across* par *traverser;* (*knock*) *down* par *renverser* — et rendre le verbe anglais par un complément circonstanciel français ou par un gérondif (participe présent avec *en*). ATTENTION: L'exercice demande beaucoup de pratique; d'ailleurs, la valeur et la puissance exactes de la préposition ou de l'adverbe anglais et le contexte de la phrase s'avèrent de première importance pour manier utilement et correctement ces aspects de grammaire et de style:

- *J'ai cru voir un fantôme **traverser** la cour **en sautillant.*** I thought I saw a ghost **hopping across** the yard.

- *Ils le **poussèrent du coude** et **descendirent** vite la rue.* They **elbowed** him **aside** and quickly **walked down** the street.

- *Le buveur a failli **renverser d'un coup de main** son verre de bière.* The drinker almost **knocked over** his beer glass.

- *Toute joyeuse, la vieille dame **s'approche en boitant**.* Merrily, the old woman **comes hobbling along.**
- *Les soldats **marchaient à grands pas (à grandes enjambées)** devant les spectateurs.* The soldiers **strode past** the spectators.
- *Le mari a beau **chercher des yeux** sa femme, il ne la voit pas.* The husband **looks around** in vain for his wife.
- *Cet individu **s'en va à l'aventure** sans même réfléchir.* That fellow **goes traipsing off** without even thinking.
- *L'homme voulait **nettoyer** notre voiture **à coups de chiffon**.* The man wanted to **wipe the dirt off** our car.
- *La nuit, dans la forêt, d'étranges bêtes nous **frôlent en passant**.* At night in the forest, strange animals **brush past** us.

REMARQUE: Parfois, l'emploi d'un verbe intransitif comme verbe transitif évite la nécessité d'un complément de cause, temps, manière, etc. Par ex.:

causer politique	to talk politics
parler boutique	to talk shop
hurler sa douleur	to cry out in pain

7 | *ÊTRE*

Il est recommandé d'éviter la répétition d'*être,* verbe pratique mais banal. De nombreuses variantes et méthodes existent.

Moyens de remplacer *être*

1. Sont commodes les verbes *demeurer, rester, se tenir, se trouver, (se) faire, se voir* (utiles également pour remplacer le passif):

- *Les livres **demeureront** poussiéreux pendant un certain temps.* The books **will be** dusty for some time.
- *Les volets de l'immeuble **restaient** fermés.* The building's shutters **were** closed.
- *Sous les couvertures, les enfants **se tiennent** cois.* Under the covers the children **are** quiet.
- *Il **se trouvait** à Paris lors de notre rencontre.* He **was** in Paris when we met.

- *Au zoo, il **se fait** un vacarme inouï.* In the zoo there **is** an incredible din.
- *Devant les gendarmes, le cambrioleur **s'est fait** tout peureux.* In the presence of the police, the burglar **was** very scared.
- *Ce professeur **fait** le désespoir des étudiants.* This professor **is** the despair of students.
- *Devant sa mère, le fils **s'est vu** drôlement coincé.* In front of his mother, the son **was** in an uneasy bind.

2. Substituer un verbe intransitif plus évocateur ou pittoresque, employé au sens propre ou figuré:

- *Sur sa main **coulent** des gouttes de peinture.* Drops of paint **are** on his hand.
- *La peste **rôde** dans les rues de notre ville.* The plague **is** in the streets of our city.

3. Substituer un verbe réfléchi plus précis et expressif:

- *De l'autre côté du fleuve **se dressent** les majestueuses Laurentides.* The majestic Laurentians **are** on the other side of the river.
- *Sur la pente derrière Sausalito **s'étagent** restaurants et boutiques.* On the slope behind Sausalito **are** restaurants and shops.

4. Remplacer *être* + une préposition par un verbe transitif:

- *Un temple **couronne** le promontoire à l'entrée de la baie.* A temple **is on** the promontory at the harbor's entrance.

5. Remplacer *être* + un adjectif par un seul verbe:

- *À son insu, sa grand-mère **frôla** (fut proche de) la mort.* Unbeknown to her, her grandmother **was near** death.
- *Ce geste **confine au** (est proche du) courage.* That gesture **borders on** (is close to) the courageous.
- *J'**ai jalousé** les (été jaloux des) biens de mon voisin.* I **was jealous of** (coveted) my neighbor's belongings.

REMARQUE: On peut remplacer *être* + un adjectif qualificatif par une épithète détachée ou, parfois, par un substantif:

- ***Gracieuse**, elle arrivait à plaire à tout le monde.* She **was gracious** and managed to please everyone.
- *Sa **probité** l'obligeait à dire la vérité (Étant probe, il était obligé de dire la vérité).* **Being honest,** he was obliged to tell the truth.

Être: remarques diverses

*1. *C'est* (*ce sont*), *c'était* (*c'étaient*), tournures idiomatiques, servent à rendre divers verbes anglais, notamment des verbes de perception (*see, notice, hear,* etc.) ou de mouvement:

- *En famille,* **c'est** *à tout moment des querelles et des reproches.* With the family, **all you hear is** quarrels and reproaches.

- *Dans toutes les pièces de sa maison,* **c'est** (**ce sont**) *disques et livres.* In every room of her house, **all you see is** records and books.

- *Près du lac,* **c'étaient** *soudain d'étranges bruits d'eau clapotante. Near the lake* **we** suddenly **heard** strange sounds of splashing water.

2. *Il est,* plus soigné qu'*il y a,* se trouve au présent et au passé simple seulement.[2] ATTENTION: C'est une variante stylistique à employer de façon restreinte:

- *Il est des vérités difficiles à énoncer.* **There are** truths that are difficult to express.

- *Il ne m'est nullement besoin de vous souligner ces faits évidents.* **There is** no need whatever for me to stress to you these obvious facts.

- *Il fut une époque dans ma vie où je me crus vraiment heureux.* **There was** a time in my life when I thought I was really happy.

3. Certaines autres expressions consacrées avec *être* sont à utiliser de façon restreinte:

- *Un imbécile? En voilà un imbécile* **si jamais il en fut.** An imbecile? Now there's an imbecile **if ever there was one.**

- *C'était là le défilé le plus grandiose* **qui fut jamais** (**qui jamais fut**). That was the most grandiose parade **that there ever was.**

- *Il n'est que d'avoir* (**Il n'est rien de tel que** *d'avoir*) *de belles relations pour réussir.* To succeed, **there is nothing like** having good connections.

- *La médecine arrivera-t-elle à abattre le cancer* **avant qu'il soit** *des siècles?* Will medicine be able to conquer cancer **before** centuries **have elapsed?**

4. On laisse parfois tomber le verbe *être* après *dont* ainsi qu'après certains verbes de perception ou de volonté, par ex., *dire, reconnaître, savoir, sembler, supposer, vouloir:*

---

[2]Sauf pour l'expression consacrée *il était une fois* (*once upon a time there was*).

- *Mon collègue possède des centaines de livres, **dont beaucoup** en italien.* My colleague possesses hundreds of books, **many of which are** in Italian.
- *Notre père nous a fait héritiers de cinq immeubles, **dont un à moi**.* Our father left us five buildings, **one of which is** mine.
- *Le gourmet a bu un vin qu'il **a reconnu** excellent.* The gourmet drank a wine that he **admitted was** excellent.
- *Le dentiste s'est trompé **en supposant** son client peu commode.* The dentist made a mistake **in assuming** his client **to be** unpleasant.
- *On **la dit** généreuse envers sa mère.* People **say that she is** generous toward her mother.

5. Pour traduire une partie d'un tout, surtout dans des descriptions physiques, le sujet en anglais se fait l'objet en français et le verbe *avoir* + un substantif + un adjectif remplace le verbe *être*. ATTENTION: L'article défini remplace l'adjectif possessif; cependant, on trouve aussi les articles indéfinis:

- ***J'avais la main** blessée et **la figure** égratignée.* **My hand was** wounded and **my face was** scratched.
- ***Elle avait** encore **le visage** bronzé.* **Her face was** still tanned.
- ***L'actrice avait un air** presque béat et **les yeux** sans regard.* **The actress's appearance was** almost beatific but **her eyes were** lackluster.

---

8 | QUELQUES AUTRES VERBES PLATS À REMPLACER

1. *Avoir:*

- *Le clochard **traîne** une vie de misère.* Tramps **have** a life of misery.
- *Mon voisin **exerce** un métier des plus pénibles.* My neighbor **has** a most difficult job.
- *Le livre de cet écrivain **accuse** beaucoup de défauts.* This writer's book **has** many deficiencies.

REMARQUE: Le verbe *avoir* + un substantif s'emploie idiomatiquement pour indiquer certaines expressions du visage ou expressions orales ou encore certains gestes du corps. ATTENTION: À utiliser très soigneusement:

- *Aussitôt que sa femme arriva, il **eut un regard joyeux**.* As soon as his wife arrived, his **face lit up**.
- *Spectatrice de la scène, elle **eut un air pincé**.* As a spectator at the scene, she **took on a supercilious air**.

- *J'**eus** soudain des mots inopinés **à prononcer** devant l'auditoire.* I suddenly **pronounced** unexpected words to the audience.

- *L'enfant **eut un éclat** de rire merveilleux.* The child **burst out** with wonderful laughter.

- *La voyant après tant d'années, j'**eus un soubresaut** voisin d'une convulsion.* Upon seeing her after so many years, I **trembled** almost convulsively.

2. *Faire:*

- *Les bûcherons **ont pratiqué** un sentier dans la forêt.* The lumbermen **made** a path in the forest.

   A. Remplacer (*se*) *faire* + un *infinitif* par un seul verbe:

souligner *une faute* **relever** *un aspect*	*(faire) remarquer . . .*
*le vent **souffle*** *l'orage **gronde*** *le ruisseau **murmure***	*se fait entendre*

   REMARQUE: Le procédé inverse ne permet pas moins de varier le style:

faire mourir	*tuer*
faire savoir	*apprendre*
faire venir	*appeler*
faire voir	*montrer*

   B. Remplacer (*se*) *faire* + un *complément* par un seul verbe. ATTENTION: Il faut être sensible aux nuances de sens et au contexte. En général, le verbe seul est plus puissant que ne l'est la locution verbale:

se pavaner	*se faire important, se faire remarquer*
détruire, ruiner	*faire des dégâts*
raturer, gommer	*faire des ratures*
embrasser	*faire la bise*

   REMARQUE: On peut employer *se faire* dans le sens de *devenir:*

- *Plus le pays **se fait** sauvage, plus les routes **se font** sinueuses.* The more uninhabited the country **becomes,** the more circuitous the routes **become.**

- *La bonne cuisine française **se fait** de plus en plus rare.* Good French cuisine **is becoming** rarer and rarer.

3. *Mettre:*

- *L'artisan vient d'**enfourner** la poterie.* The craftsman has just **put** the pottery **into the kiln.**
- *J'ai eu de la peine à **passer** ma chemise.* I had trouble **putting on** my shirt.
- *Maman a voulu **reléguer** les tableaux au grenier.* Mother wanted to **put** the paintings into the attic.
- *Avez-vous pu **introduire** le clé dans la serrure?* Were you able to **put** the key into the keyhole?

Remplacer (*se*) *mettre* + une préposition + un substantif par un seul verbe. Faire attention aux nuances de sens et au contexte:

afficher	*mettre en évidence*
parader	*se mettre en évidence*
serrer	*mettre sous clé*

s'attabler *(pour la soirée)*	MAIS	*se mettre à table (pour un simple repas)*
s'aliter *(à cause d'une maladie)*	MAIS	*se mettre au lit (pour dormir, faire un somme)*

4. *Dire:*

- *Le personnage **a récité** sa réplique.* The character **said** his line.
- *N'auriez-vous pas pu vous empêcher de **proférer** ces paroles désobligeantes?* Could you not have refrained from **saying** those unkind words?
- *La conférencière aurait pu tout simplement **prononcer** son discours, mais elle a préféré baragouiner.** The lecturer could simply have **said** her speech, but she preferred to jabber away.

REMARQUE: Voici quelques variantes parmi d'innombrables:

affirmer	***s'exclamer***
ajouter	***exprimer***
concéder	***objecter***
continuer	***poursuivre***
déclarer	***répéter***
demander	***répliquer***
s'écrier	***reprendre***

5. *Voir:*

- *Nous envisageons ce travail comme un grand plaisir.* We **see** this work as a great pleasure.

- *Les poètes romantiques se plaisaient à contempler la nature sauvage.* The Romantic poets enjoyed **seeing** nature in the wild.

- *Le metteur en scène considère la raucité de sa voix comme un avantage certain et il apprécie par ailleurs son talent d'actrice.* The director **sees** her raucous voice as a distinct advantage, and, furthermore, he **sees** the acting talent in her.

9 | VERBE-APPUI

Un verbe-appui sert à renforcer un autre verbe (en général un verbe de mouvement ou de volonté) pour préciser davantage l'action ou pour la rendre plus vive.

1. *Aller* ou *venir,* placé devant un infinitif ne comportant pas nécessairement de mouvement en soi, ajoute une idée de mouvement de la part du sujet:

- *D'innombrables allées dans le village vont se rejoindre à la route principale.* Innumerable byways in the village **come together** at the main road.

- *Un léger rideau vient tamiser l'éclairage de la pièce.* A thin curtain **filters** the lighting in the room.

- *Un vent frais allait éclaircir la brume ce matin-là.* A cool wind **cleared off** the fog that morning.

2. Employer *savoir* dans les questions indirectes et après le substantif *question:*

- *Il s'agit de savoir combien d'invités il y aura au dîner de ce soir.* **The question is** how many guests will be at this evening's dinner.

- *Il est question de (La question est de) savoir si j'ai besoin d'un permis de séjour.* **The question is** whether I need a visa.

3. *Voir* a l'avantage d'éviter les constructions lourdes avec la conjonction *que* + un verbe au subjonctif, ainsi que d'éviter le passif:

- *Je désirais la voir (désirais qu'elle soit) heureuse et prospère.* I wanted **her to be** happy and prosperous.

- *Elle aurait voulu nous voir (voulu que nous soyons) bien installés en ville.* She would have liked **us to be** comfortably settled in town.

- *Notre hôtesse nous a invités à passer la nuit chez elle **pour ne pas nous voir** (pour que nous ne soyons pas) **obligés** de rentrer sous la pluie.* Our hostess invited us to spend the night **so that we would not be obliged** to return home in the rain.

- *Il est souhaitable de **voir les deux pays** se réunir (souhaitable que les deux pays se réunissent) en paix.* It is desirable for **the two countries to be** joined in peace.

10 | *FAIRE*

Le verbe *faire* remplace un verbe utilisé antérieurement dans la phrase, surtout après *comme* ou *que* comparatif, et permet ainsi d'éviter la répétition du même verbe:

- *Elle a disparu pendant une semaine ainsi que le **font** la plupart des étudiants au moment des examens.* She disappeared for a week, as most students **do** at examination time.

- *La concierge a prêté davantage attention au va-et-vient de l'immeuble que ne l'**auraient fait** les locataires.* The superintendent paid more attention to the comings and goings of the building than the occupants **would have (done).**

- *Je courais à travers prés comme, enfant, je l'**avais fait**.* I ran through the fields as I **had done** when a child.

REMARQUE: Lorsque *faire* est suivi d'un complément qui, si le premier verbe était répété, serait complément d'objet direct de celui-ci, mettre obligatoirement devant ce complément la préposition *de, pour, à, avec* ou *à l'égard de*. ATTENTION: *Le* devant *faire* est facultatif; si la phrase contient déjà un certain nombre d'articles définis, ne pas insérer ce *le*:

- *En temps de guerre, on tue des hommes ainsi qu'on (le) **fait** pour des bêtes.* In time of war, people kill human beings as they **do** animals.

- *Le policier observait le voleur comme un chat (le) **fait** pour un oiseau.* The policeman observed the robber as a cat **does** a bird.

- *On ne peut pas surveiller une classe entière d'enfants comme on (le) **fait** pour (avec) un seul.* You cannot tend to a whole class of children as you **do** to one child only.

- *Je traite mes parents de la même façon qu'ils l'**ont fait** à l'égard des leurs.* I treat my parents in the same way as they **did** their own.

11 | ELLIPSE DU VERBE

En français, il n'est pas exceptionnel de trouver des phrases ou des propositions sans verbes conjugués. Souvent le verbe qui manque est du genre *il y a, il est* (impersonnel), *c'est, on* + un verbe de perception (*voir, entendre,* etc.), mais nombreux peuvent être les verbes sous-entendus. Le procédé sert à communiquer à la phrase un élément de tension et de vivacité. Dans certains cas, le temps précis du verbe sous-entendu se détermine d'après d'autres verbes dans la phrase; ailleurs [*temps multiples du verbe sous-entendu*], c'est le contexte qui indique non seulement le temps voulu mais aussi l'intensité du verbe à choisir lorsque la traduction se fait du français vers l'anglais:

- *Eux râlaient, ils braillaient, et **moi imperturbable.*** While they ranted and raved, **I remained** (*j'étais, je restais, je demeurais,* etc.) **calm.**

- ***Dernières nouvelles:** tout le monde fait la grève.* **The latest news is that** (*c'est que*) everyone is on strike.

- ***Rien de plus beau** que de se promener à Paris par une soirée de printemps.* **Nothing is (was, will be, would be) more beautiful** than to stroll through Paris on a spring evening. [*temps multiples du verbe sous-entendu*]

- *Derrière notre maison de campagne, **des arbres fruitiers et des fleurs.*** Behind our country house **there are (were, will be, would be, might have been) fruit trees and flowers.** [*temps multiples du verbe sous-entendu*]

- ***Impossible de fuir! Même pas moyen de bouger!*** *Partout autour de nous, **des murailles de glace** et plus loin, **des champs recouverts de neige.*** **It is** (*c'est, il est*) **impossible to flee! We cannot even move!** All around us **there are** (*se dressent, surgissent, s'élèvent, menacent, on distingue*) **barriers of ice,** and in the distance **there are** (*s'étendent, se prolongent, se déroulent*) **snow-covered fields.** [*temps multiples de tous les verbes sous-entendus*]

REMARQUE: Noter l'ellipse, en français, du verbe anglais *can:*

- *On m'annonce qu'une bourse d'études vient de m'être accordée: vous **pensez** si j'éclate de joie.* You **can imagine** how really happy I am upon learning that I have just been awarded a scholarship.

- *De mon chalet dans la montagne, vous **apercevez** au loin le lac de Lugano.* From my chalet in the mountains you **can see** Lake Lugano in the distance.

- *Plusieurs personnes se présentèrent à la porte — nous **avons reconnu** en eux les enfants du pays.* Several persons came to the door— we **could recognize** them as the children of the area.

- *Je te **dirais** un tas de détails là-dessus, tu n'en saurais pas plus long.*
  I **could tell** you a whole lot of details about that, and you still would not know any more about it.

12 | VERBES FAISANT D'UN SUJET ANGLAIS UN OBJET FRANÇAIS

Cet emploi particulier de certains verbes de mouvement et d'action transforme le sujet d'un verbe dans la phrase anglaise en objet dans la phrase correspondante en français. Le procédé permet de frappants effets stylistiques:

- *La campagne déroule à perte de vue ses **villages** par monts et par vaux.* As far as the eye can see, **villages** unfold uphill and downhill throughout the countryside.

- *Dans la ville, les boulevards étalaient leurs magnifiques **hôtels**, leurs **parcs** splendides.* In the city, the magnificent **homes** and splendid **parks** stretched out along the boulevards.

- *Un minuscule ruisseau roulait des **gouttes** d'eau verte et pure.* **Drops** of clear green water flowed along the tiny stream.

- *Les arbres dessinent (profilent, découpent) leurs **feuillages** bleutés sur le ciel crépusculaire.* The bluish **foliage** of the trees stands out against the evening sky.

- *Jusque dans les nuages de suie, la ville pointait (étageait, dressait) des **cheminées d'usines**.* In the city, **factory smokestacks** thrust up into the soot-filled clouds.

2 | L'ADVERBE

Les adverbes en *-ment* tendent à alourdir la phrase, sauf quand ils sont placés en position finale ou initiale (positions fortes) en raison de leur valeur affective. Par ex., *Exceptionnellement, j'ai dû m'absenter l'été dernier; Au magasin, les vendeuses et les clients se méfient copieusement.*

13 | ADVERBE EN *-MENT* REMPLACÉ PAR UN COMPLÉMENT CIRCONSTANCIEL

1. Substituer un complément circonstanciel:

    A. composé de la préposition *à, avec, de, par, sans, selon, sous* + un substantif abstrait, par ex.:

à la lettre	littéralement
à fond	complètement
avec sagesse	sagement
avec soin	soigneusement
de préférence	préférablement
en silence	silencieusement
en cachette	furtivement
par degrés	graduellement
par hasard	fortuitement
sans bornes	infiniment
sans contredit	incontestablement
selon toute apparence	apparemment
sous condition	conditionnellement

B. composé de *à* ou *en* + un adjectif employé comme substantif, par ex.:

à faux	*faussement*
en aveugle	*aveuglément*
à l'étourdie	*étourdiment*
en entier	*entièrement*
en public	*publiquement*
en secret	*secrètement*

C. composé de *en* + un substantif, par ex.:

en brave	*bravement*
en frère	*fraternellement*
en philosophe	*philosophiquement*

ATTENTION: En général, la tournure préposition + substantif est plus puissante que ne l'est le simple adverbe; par ailleurs, les nuances de sens ne sont pas toujours identiques:

avec certitude	*certainement*
par bonheur	*heureusement*
sans réflexion	*négligemment*

D. composé d'une préposition + un infinitif, par ex.:

à vrai dire	actually
pour conclure	finally
sans broncher	unflinchingly

2. Rendre l'adverbe anglais en *-ingly* et *-fully* par le gérondif ou par l'expression *d'un air, d'une (de) façon (manière), d'un (sur un) ton, d'une voix,* etc. + un adjectif:

en le caressant	caressingly
d'un air méditatif	thoughtfully
de façon ravissante	ravishingly
d'un ton plaintif	plaintively

REMARQUE: Remplacer l'adverbe en *-ment* par une expression composée d'une préposition + le substantif *pas, allure,* etc.:

à pas rapides	quickly
d'un mouvement lent	slowly
d'un pas chancelant	unsteadily

3. Remplacer l'adverbe par un verbe à sens correspondant et le verbe original par un infinitif lié au nouveau verbe. Le verbe, concis et fort, devient donc porteur de sens au lieu de l'adverbe en -*ment,* flou et plutôt faible:

J'ai commencé par écrire.	*J'ai premièrement écrit.*
J'ai fini par parler.	*J'ai finalement parlé.*
Je viens d'arriver.	*J'arrive justement.*
Je ne manquerai pas de voyager.	*Je voyagerai sûrement.*
Je risque de tout perdre.	*Je perdrai probablement tout.*
J'ai été obligé de lire.	*J'ai lu forcément.*

4. Lorsque c'est l'adverbe qui est le porteur principal de sens, le rendre par une proposition:

il se pourrait que	likely, probably
il va sans dire que	naturally, of course
il est entendu que	naturally, of course
toujours est-il que	nonetheless, be that as it may
cela porte à croire que	apparently
qui plus est	moreover

REMARQUE: La locution *tant soit peu* traduit *somewhat, rather, a bit,* etc.:

- *Le projet me paraît **tant soit peu** suspect.* The project appears to me **rather** questionable.

- *Il faudrait bouger **tant soit peu** vers la gauche.* You would need to move **slightly** toward the left.

5. Remplacer un adverbe par *aller* + un participe présent ou un gérondif pour indiquer un mouvement progressif ou continu. *Aller* dénote la continuité et le participe présent le genre exact du mouvement. Par ex., *s'abaissant, s'améliorant, croissant, détériorant, grandissant, mourant:*

- *Les sentiers **vont en se faufilant** dans la forêt.* The paths **twist constantly** through the forest.

- *La brume **va s'évaporant** à l'aube.* The mist **slowly (gradually) dissipates** at dawn.

- *Mon ami **va racontant** cette histoire fausse mais pittoresque.* My friend **is forever telling** that false but colorful story.

14 | TOURNURES IDIOMATIQUES AVEC L'INFINITIF

1. Traduire l'anglais *nevertheless, still* par *ne pas laisser (que) de* + un infinitif:

- *L'acteur a beau se déguiser, la notoriété **ne laisse pas de** le poursuivre.* Although an actor may disguise himself, his fame will **nevertheless** pursue him.

- *Bien qu'il eût résolu le problème, la situation familiale **ne laissait pas de** le troubler.* He had solved the problem, but **still** the family situation troubled him.

2. *Ne (n'en) . . . pas moins (plus)* traduit également *nonetheless, nevertheless, not any the less (more)*:

- *Pour être compliquée, la situation **n'en est pas moins** compréhensible.* The situation is **not any the less** understandable for being complicated.

- *L'ouvreuse nous a donné de bonnes places, mais nous **n'en étions pas plus contents** d'avoir à lui donner un pourboire.* Although the usherette gave us good seats, we were **not any the happier** to have to give her a tip.

3. Rendre *surely, certainly, inevitably, naturally,* etc. par *ne pas être sans* + un infinitif:

- *Vous, intrépides voyageurs, **n'êtes pas sans** connaître l'Afrique et l'Orient.* You, fearless travelers that you are, **surely** know Africa and the Orient.

- *Prise au dépourvu, elle **n'était pas sans** ressentir une certaine colère.* Taken by surprise, she was **naturally** somewhat angered.

ATTENTION: Ne pas abuser des trois tournures idiomatiques signalées ci-dessus; elles sont à utiliser avec prudence.

15 | ADVERBE EN *-MENT* REMPLACÉ PAR UN ADJECTIF

1. Employer un adjectif au lieu de l'adverbe correspondant, tout en gardant le même verbe. ATTENTION: La modification passe ainsi du verbe au substantif; c'est le sens de la phrase qui doit permettre l'emploi:

- *La montagne s'élevait, **splendide**.* The mountain rose **splendidly.**

- *Le village s'étend **paisible** sur la rive est de la Saône.* The village extends **peacefully** along the eastern bank of the Saône River.

- *De loin, on voit le temple qui se dresse **radieux** à l'extrémité de la falaise.* From afar, one sees the temple standing **radiantly** at the tip of the cliff.

2. Rendre l'adverbe par un adjectif et le verbe par un substantif:

- *Il proféra des **paroles braillardes**.* He **spoke vociferously**.
- *En raison de son **acte courageux**, elle se voit digne de notre estime.* Because she **acted courageously**, she thinks she deserves our esteem.
- *Son geste fut le **reflet parfait** de son attitude.* His gesture **reflected** his attitude **perfectly**.

3. Lorsqu'il s'agit en anglais d'un adverbe encombrant modifiant un adjectif, employer en français deux adjectifs, dont un tiré de l'adverbe, ou utiliser le procédé suivant: adverbe devient adjectif, adjectif devient substantif:

- *La situation actuelle se révèle **chatouilleuse et ridicule**.* The current situation is proving to be **ludicrously sensitive**.
- *C'est un musicien d'un **talent prodigieux**.* He is a **prodigiously talented** musician.
- *Voilà une femme au **pouvoir pernicieux**.* There is a **dangerously powerful** woman.

4. Remplacer le verbe par un autre verbe + un substantif tiré du verbe original et que modifie un adjectif tiré de l'adverbe:

- *Vous **remporterez un succès brillant** (Vous réussirez brillamment).* You **will succeed brilliantly**.
- *Ils **ont de copieuses querelles** (Ils se querellent copieusement).* They **quarrel a great deal**.
- *Aux gens **est accordée entrée libre** le dimanche (Les gens entrent gratuitement le dimanche).* People **come in free** on Sundays.

5. Pour éviter une proposition relative, remplacer l'adverbe par un adjectif + *à* + un infinitif tiré du verbe original:

- *C'est une situation **difficile à expliquer** (que l'on explique difficilement).* It is a situation that is **difficult to explain**.
- *Voilà une composition **facile à exécuter** (qui s'exécute facilement).* That is a work that **can be performed easily**.
- *Ce sont des enfants **vifs à réagir** (qui réagissent vivement).* They are children who **react quickly**.

16 | *TRÈS*, ETC. + ADJECTIF

Remplacer l'adverbe banal *très* (*fort, bien, extrêmement*, etc.) + adjectif par un adjectif plus précis, plus puissant, plus imagé, par ex.:

*une route **accidentée***	*très mauvaise*
*un musicologue **passionné***	*très enthousiaste*
*une pièce **angoissante***	*extrêmement troublante*
*un ami **intime***	*très grand*
*un être **squelettique***	*excessivement maigre*
*un panorama **majestueux***	*fort impressionnant*

17 | COMPARAISON

1. Remplacer l'adverbe à valeur prépositive *comme* (*pareil à, semblable à*) par d'autres mots et expressions équivalents de l'anglais *like: tel (que), ainsi que, on dirait (de), comme qui dirait**:

- *L'étranger, **tel (qu')** un revenant, nous dirigea vers lui.* The stranger, **like** a ghost, directed us toward him.

- *Le dîner, **ainsi qu'**un banquet solennel, fut précédé et suivi de plusieurs discours.* The dinner, **like** an official banquet, was preceded and followed by several speeches.

- ***On dirait** (C'est **comme qui dirait***) un arc-en-ciel et pourtant il n'a pas plu.* It is **like** a rainbow and yet there has been no rain.

- *Une fois entré dans la ville, **on aurait dit** un véritable labyrinthe.* Once in the city, it was **like** a veritable labyrinth.

REMARQUES: *Tel,* employé seul, s'accorde avec le substantif qui le suit et non avec celui qui le précède:

*le monsieur, **telle** une victime*

*la maison, **tel** un musée*

Dans l'expression *tel que*, cependant, *tel* s'accorde avec le substantif qui le précède.

2. *Comme* s'emploie obligatoirement dans de nombreuses expressions figées, par ex.:

*grosse **comme** une tour**

*malin **comme** un singe*

*têtu **comme** une mule**

*blanc **comme** un linge*

*beau **comme** un dieu*

*frais **comme** une rose*

3. *Comme* suggère une ressemblance plutôt que d'indiquer une comparaison exacte; il s'emploie ainsi pour atténuer le sens ou la portée d'un énoncé:

- *On ressentait chez lui **comme** un soupçon de malaise.* One felt in him a hint of uneasiness, **as it were.**

- *C'était **comme** (**comme qui dirait***) un an passé à l'étranger et pourtant, je ne m'étais absenté que pendant trois mois.* It was **as if** I had spent a year abroad and yet I was away for only three months.

- *J'ai cru apercevoir **comme** des traces laissées par un animal nocturne.* I thought I noticed **something akin to** traces left by a nocturnal animal.

4. Dans une proposition relative, utiliser un verbe au conditionnel ou au conditionnel passé après *comme* lorsqu'il s'agit d'exprimer le supposé ou l'imaginé:

- *L'enfant imagine les nuages mobiles comme des oiseaux magiques **qui s'envoleraient** vers des îles lointaines.* The child imagines that the scudding clouds are magical birds **flying off** to faraway islands.

- *Pour nous citadins, les paysans se présentaient comme des voyageurs **qui se seraient transportés** d'une autre planète.* To us city dwellers, the peasants looked like travelers **who might have traveled** from another planet.

5. *Auprès de, à côté de, au prix de* peuvent traduire *in comparison with* ou *compared to:*

- *Ma maison n'est rien qu'une humble cabane **auprès de** leur immense manoir.* My house is but a humble cabin **in comparison with** their huge manor.

- *C'est beaucoup **au prix de** ce que j'avais souhaité.* It is a lot **compared to** what I had hoped for.

6. L'adverbe *autrement* s'emploie parfois avec une valeur comparative (au sens de *considerably more, much more, far more*) pour qualifier un adjectif. Souvent l'adverbe *tout* ou *bien* précède *autrement*. ATTENTION: Utiliser cette tournure avec soin car le sens est fort:

- *Ce problème-là est (**bien**) **autrement** sérieux.* That problem is **far more** serious.

- *Le trajet devient (**tout**) **autrement** agréable par le train.* The trip becomes **considerably more** pleasant by train.

  REMARQUE: *Autre* peut également avoir une valeur comparative:

- *La cérémonie fut d'une **tout autre** splendeur.* The ceremony was **altogether more** splendid.

- *C'est une **bien autre** misère que nous avons connue.* It is a **much greater** poverty that we experienced.

---

18 │ ADVERBE ANGLAIS *EVEN* (*VERY*)

1. Le rendre idiomatiquement par *jusqu'à,* lorsque le sens est voulu fort et que *jusqu'à* précède l'objet direct:

- *Avant de partir en voyage, j'ai mis le nécessaire dans mon sac, **jusqu'à** l'eau de toilette.* Before leaving for the trip, I put all the necessary items in my bag, **even** the toilet water.

- *J'ai oublié **jusqu'à** son existence sur terre.* I have forgotten his **very** existence on earth.

2. Lorsque *jusqu'à* précède le sujet, la tournure est le plus souvent *il n'y a pas (il n'est pas) jusqu'à* + un verbe au subjonctif précédé de *ne:*

- ***Jusqu'à** sa sœur a quitté la salle.* **Even** her sister left the room.

- ***Il n'y a pas jusqu'aux** professeurs qui ne sachent la réponse.* **Even** professors know the answer.

- ***Il n'était pas jusqu'à** la mendiante du quartier qui n'achetât un poste de télévision.* **Even** the beggar woman of the neighborhood bought a television set.

3 | LE SUBSTANTIF

SUBSTANTIF ANGLAIS SINGULIER / SUBSTANTIF FRANÇAIS PLURIEL

Au substantif anglais singulier correspond parfois en français le substantif pluriel, surtout pour les substantifs abstraits dont la valeur affective croît de par la pluralité qui ainsi les concrétise:

- *Malgré ses **empressements**, le jeune homme demeurait foncièrement sauvage.* Despite his **eagerness,** the young man remained basically unsociable.
- *Nous vous remercions de toutes vos **gentillesses.*** We thank you for all your **kindness.**
- *Comment résister aux dures **épreuves** qui m'attendent?* How will I be able to withstand the **hardship** that awaits me?
- *Devant les **réussites** de sa jumelle, elle fait voir un grand étonnement.* Faced with her twin's **success,** she shows great astonishment.
- *C'est là une femme inépuisable en **ressources.*** That is a woman of endless **resource.**

REMARQUE: Apprendre la valeur précise accordée au pluriel de nombreux substantifs par opposition au singulier, par ex.:

les ***abîmes*** *de l'océan*	the ocean deep
les ***hautes eaux, basses eaux***	high water, low water
les ***feux*** *d'un diamant*	the sparkle of a diamond
les ***grands froids***	the frigid winter cold
l'art de dessiner les ***jardins***	landscape gardening
d'heureux ***lendemains***	a happy result
la police est sur les ***lieux***	the police are on the spot

*les **grandes marées***	spring tide
*les **pompes à incendie***	firefighting equipment

20 | SUBSTANTIF ANGLAIS PLURIEL / SUBSTANTIF FRANÇAIS SINGULIER

1. Employer le substantif singulier en français lorsqu'il s'agit de qualités ou d'attributs personnels (parties du corps, vêtements, allure, etc.):

- *Les dames enlevèrent leur **chapeau** et leur **manteau**.* The women took off their **hats** and **coats**.
- *Ses enfants ont **l'esprit** vif.* Her children have sharp **minds**.

2. Utiliser le singulier au sens collectif, en parlant de peuples ou de choses:

- *Le **Français** est censé être hautain.* **The French** are reputed to be haughty.
- *L'**Américain** passe pour matérialiste.* **Americans** are supposed to be materialists.
- *Tous les campeurs dormaient sous **la tente** ou dans **le sac de couchage**.* All the campers slept in **tents** or **sleeping bags**.

21 | SUBSTANTIF ANGLAIS / TOURNURE VERBALE FRANÇAISE

Le substantif anglais se traduit parfois par une construction verbale en français. ATTENTION: Un adjectif qualifiant le substantif devient alors un adverbe, une locution, etc. qualifiant le verbe.

1. Un substantif abstrait qui dénote une action:

- *Je me suis précipité dans la foule sans **trop penser**.* I rushed into the crowd without **great thought**.
- *Invité chez maman, on est toujours **chaleureusement reçu**.* Whenever we are invited to mother's, we are always sure of a **warm welcome**.
- *J'entends **bien** postuler pour l'obtention d'une bourse de recherche.* My **firm intention** is to apply for a research grant.

2. Traduire les substantifs anglais dérivés de verbes, surtout ceux qui se terminent en *-er*, par une construction verbale, d'ordinaire une proposition relative. Le procédé est fort utile car il permet non seulement de rendre un substantif de plus d'une façon (*les gagnants, ceux qui gagnent; le demeu-rant, ce qui demeure*), mais aussi de traduire les substantifs anglais n'ayant pas d'équivalents exacts en français:

- *J'ai pu me défendre contre **ceux qui m'ont attaqué.*** I was able to defend myself against my **attackers.**
- *Il y avait des milliers de **gens qui ont assisté** au match de football.* There were thousands of **onlookers** at the football game.
- ***Ceux qui boivent** prodigieusement risquent d'avoir une maladie du foie.* Heavy **drinkers** risk having a liver disease.
- *C'est **lui qui subvient** à mes besoins.* He is my **provider.**

3. La tournure anglaise composée d'une préposition + un substantif, déno-tant une action, se rend par un gérondif, un participe présent ou un participe passé, surtout dans une construction absolue (proposition participe):

- *Elle persiste à lire son discours **en chuchotant.*** She persists in reading her speech **in a whisper.**
- *Le premier des invités **arrivant,** j'ai pu servir l'apéritif.* **With the arrival** of the first guest, I was able to serve cocktails.
- *La guerre **terminée,** le peuple reprit l'espoir d'un avenir meilleur.* **At the end** of the war, the nation once again had hopes for a better future.

22 | SUBSTANTIF ANGLAIS / ADJECTIF FRANÇAIS

1. Employer un adjectif français lorsqu'un substantif anglais exprime une qualité, un aspect d'un autre substantif dans la phrase:

- *Des **dons multiples** lui rendirent difficile le choix d'une profession.* An **abundance of talents** made it difficult for her to choose a profes-sion.
- *La vallée au crépuscule ondule de **lumière rayonnante.*** At dusk the valley shimmers with **rays of light.**
- *Il a toujours été pour moi un **puissant appui.*** He has always been a **tower of strength** for me.
- *Sous la **nuit voilée** nous avons pu quitter la ville.* Under the **cover of night,** we were able to leave the city.

2. Traduire un complément circonstanciel anglais contenant un substantif par un adjectif français ou par un participe passé employé adjectivement. Ce procédé est utile pour souligner une antithèse:

- *Jeune, elle jouissait de la vie; vieille, elle s'en isolait le plus possible.* **In her youth,** she enjoyed life; **in her old age,** she isolated herself as much as possible.

- *Désespéré, je voulais partir pour de bon; heureux, je n'y aurais jamais songé.* **In my despair,** I wanted to leave for good; **in my happy moments,** I would never have given it a thought.

- *Angoissé, il chercha le secours de sa famille.* **In his anguish** he sought the help of his family.

3. Certains substantifs et certaines expressions substantives anglaises se traduisent par un adjectif français employé comme substantif. REMARQUE: Noter l'emploi de l'article défini devant l'adjectif substantivé; l'adjectif est toujours au masculin singulier:

- *L'extraordinaire, c'est que je pouvais tout faire.* **The extraordinary fact** is that I could do everything.

- *L'inconnu des événements nous inquiétait un peu.* **The uncertainty** of events worried us somewhat.

- *L'obscur de la nuit nous a permis une fuite inattendue.* We were able to get away unexpectedly in **the darkness** of night.

- *Ils se sont vite rendu compte de l'impossible de la tâche.* They quickly realized **the impossibility** of the task.

*A. Employer l'adjectif comme substantif et laisser sous-entendre dans cet adjectif substantivé un autre adjectif ou un adverbe. Ce procédé est à manier avec soin:

- *L'escalade est d'un difficile (est d'une difficulté insurmontable)!* The climb is **horribly difficult!**

- *L'appartement est d'un propre (est d'une propreté impeccable)!* The apartment is **impeccably clean.**

- *Cette viande est d'un tendre (est incroyablement tendre)!* This meat is **extraordinarily tender.**

REMARQUE: Noter l'emploi de la préposition *de* + l'article indéfini devant l'adjectif substantivé; l'adjectif est toujours au masculin singulier.

B. On trouve également l'adjectif substantivé précédé du partitif (*de* + l'article défini). La tournure a une valeur affective nettement moins forte que celle du 3.A., représentant une constatation et non une exclamation:

- *Ce que l'on entend à la radio est trop souvent du médiocre.* What one hears on the radio is too often **mediocre.**

- *La pièce a du bon et du mauvais.* The play has both **good and bad aspects.**

C. L'adjectif comparatif s'emploie en tant que substantif:

- *Plus gentil que lui, on ne trouve pas (On ne trouve personne de plus . . . ; On ne peut pas trouver quelqu'un de plus . . .).* You cannot find **a nicer person** than he.

- *Je laisse ce travail à plus entendu que moi.* I leave this work to **someone more practical and sensible** than I.

  REMARQUE: La construction entraîne la perte de *personne de* ou de *quelqu'un de.*

D. L'adjectif superlatif s'emploie en tant que substantif:

- *Au plus froid de l'hiver, la Nouvelle-Angleterre est d'une beauté inoubliable.* **In the heart** of winter, New England is unforgettably beautiful.

- *Quel serait le plus direct de Nice à Lyon?* What would be **the shortest route** from Nice to Lyon?

- *Le rendez-vous est fixé au plus noir de la forêt.* The meeting will take place **in the darkest part** of the forest.

E. Utiliser *ce qu'il y a de* ou *ce qui est* + un adjectif pour remplacer le substantif:

- *Ce qu'il y a de rassurant, c'est que j'ai enfin trouvé un poste.* My **reassurance** comes from my having finally found work.

- *Il apprécie surtout ce qu'il y a de (ce qui est) doux et tendre chez elle.* He especially values her **gentleness and tenderness.**

- *Ce qui est vrai est beau.* **Truth** is beauty.

23 | SUJET-RÉSUMÉ

Lorsqu'une phrase contient plusieurs sujets d'un même verbe, les résumer par *tout, tout cela, le tout, tous (toutes) ces* + un substantif approprié selon le contexte, ou *tout le monde:*

- *Les devoirs, les exposés, les mémoires, les examens, tout me paraît excessif.* The homework, the oral reports, the term papers, the examinations—**everything** seems excessive to me.

- *Achats, envois, préparatifs de départ, tous ces détails (toutes ces démarches) semblaient passionnants (passionnantes).* Purchases, shipments, preparations for departure, **the whole thing** seemed exciting.

  REMARQUE: Le verbe et les compléments s'accordent avec la forme de *tout* utilisée comme sujet-résumé et non avec les multiples sujets qui précèdent.

24 | SUBSTANTIFS À ÉVITER

Remplacer les substantifs imprécis et incolores, tels que les ubiquistes *chose, quelque chose de, personnes, gens,* etc. ATTENTION: Le choix de substantifs plus vifs, forts, spécifiques, etc. dépend, de façon essentielle, du contexte:

1. *Chose:*

- *La mort représente une **tragédie bouleversante**.* Death is a **tragic thing.**
- *L'aurore au bord de la mer: quel splendide **panorama!*** Dawn by the sea: What a splendid **thing!**
- *Nous avons rarement vu un **spectacle** aussi réussi.* We have rarely seen **anything** so well done.

2. Éviter *quelque chose de* + un adjectif:

A. à l'aide d'un substantif (précédé de l'article indéfini) + un adjectif:

- *De son regard émane **une lueur rassurante**.* There is **something reassuring** about his gaze.
- *Une journée ensoleillée nous apporte **une joie et un calme merveilleux**.* There is **something marvelous** about a sunny day.

B. à l'aide d'un substantif (précédé de l'article indéfini) + un autre substantif tiré de l'adjectif:

- *On a constaté chez ma mère **un esprit de calme**.* We noted **something peaceful** about my mother.
- *Soudain elle ressentit **un éclat d'allégresse**.* Suddenly, there was **something joyful** in the way she felt.

C. à l'aide d'un substantif (précédé de l'article indéfini) à sens fort:

- *C'est **une merveille,** ce qu'elle fait.* There is **something wonderful** about what she is doing.
- *Voilà **une catastrophe** que de tenter un haut fait pareil.* There is **something disastrous** about attempting such a feat.

D. à l'aide de *du* + un adjectif:

- *Le cinéma contemporain renferme **du valable et du méritoire**.* Contemporary cinema contains **something valid and meritorious**.

3. Éviter *personnes, gens,* etc. au moyen de la synecdoque (exprimant le tout par la partie, la partie par le tout, etc.). Le substantif utilisé est précédé de l'article défini ou indéfini:

- *La ville se réjouit à l'arrivée du printemps.* **The city** (the people of the city) rejoices at spring's arrival.

- *Voyager ne présente aucun problème à un esprit éveillé.* Traveling presents no problem to **quick-witted people** (the quick-witted).

- *Les mauvaises langues prennent plaisir à dire du mal d'autrui.* **People who indulge in backbiting** enjoy saying evil things of others.

4 L'ADJECTIF

25	ADJECTIF TRADUIT PAR UNE CONSTRUCTION SUBSTANTIVE

L'adjectif anglais peut quelquefois se rendre habilement par un substantif français.

1. Pour mettre davantage en valeur l'idée que comporte l'adjectif:

- *J'ai commis **la témérité** de grimper jusqu'au sommet de la montagne.* I was so **reckless** as to climb to the top of the mountain.

- *Cet avocat base sa renommée sur **la générosité** et l'altruisme.* That lawyer's reputation is built on **generous** altruism.

- *Elle s'estime posséder une moralité **à l'abri du reproche**.* She believes that she has an **irreproachable** morality.

2. Remplacer un adjectif + un substantif anglais par deux substantifs français liés par *de:*

- ***La pâleur de l'aube** signalait que la nuit prenait fin.* The **pale dawn** signaled the end of night.

- *Dans **les ténèbres de la jungle** la tribu se rassembla pour la cérémonie.* In the **dark jungle,** the tribe assembled for the ceremony.

- *Le régisseur nous faisait voir, tout fier, **la propreté de son local**.* The manager, quite proud, showed us his **spotless building.**

A. Traduire l'adjectif par une tournure particulière composée d'un substantif (ou d'un adjectif employé comme substantif) + *de* + un autre substantif. Dans ce cas, le premier substantif est, en réalité, un adjectif qualificatif du deuxième:

- *Un **drôle de** spectacle s'est présenté à nos yeux.* A **funny** scene took place before us.

- *Quel **coquin de** sort: on part en voyage et les aiguilleurs du ciel font grève.* What **rotten** luck: We leave on a trip and the air traffic controllers go on strike.

- ***Curieux d'**événement qui est arrivé hier!* **Strange** event that happened yesterday!

B. Un adjectif de couleur peut se rendre par cet adjectif employé comme substantif:

- *La chanteuse porte une robe **d'un vert** foncé.* The singer is wearing a dark **green** dress.

- *Il règne dans la campagne une luminosité **d'un bleu** tendre.* A soft **blue** glow bathes the countryside.

26	SUBSTANTIF EMPLOYÉ COMME ADJECTIF EN FRANÇAIS

De même qu'un adjectif français sert souvent de substantif, un substantif peut être utilisé comme adjectif. Le substantif employé adjectivement est souvent invariable, suit, généralement, le substantif qu'il qualifie et peut, comme tout adjectif, être modifié par un adverbe.

1. Le deuxième substantif d'une apposition s'emploie adjectivement:

- *Elle se plaisait à employer des **expressions peuple.*** She enjoyed using **substandard expressions.**

- *Ils ont eu une **chance bœuf** de trouver un appartement.** They had **great luck** in finding an apartment.

- *Cette **chaise Louis XVI** vous plaît-elle?* Do you like this **Louis XVI chair?**

- *L'**idée maîtresse** de son œuvre revient chez nombre d'auteurs de l'époque.* The **governing idea** of her work recurs in a number of authors of the period.

- *Il a l'**air** assez **gamin,** parle sur un **ton** plutôt **canaille,** mais c'est un **étudiant modèle.*** He has a **youthful look** about him and speaks a bit on the **coarse side,** but he is a **model student.**

REMARQUE: Il arrive que le substantif adjectivé précède le substantif, par ex.:

- *La **maîtresse poutre** de la maison reste très solide.* The **main beam** of the house remains very solid.

2. La tournure composée de deux substantifs liés par une préposition s'utilise également dans certaines expressions consacrées:

- *Ses paroles laissent trop voir sa pensée **terre à terre.*** Her words reveal too readily her **commonplace** thinking.

- *Elle mène une vie tout ce qu'il y a de plus **pot-au-feu.**** She leads the most **domestic** existence possible.

3. Un substantif en apposition utilisé comme adjectif sert à rendre certains mots de couleur, par ex., *orange* et *marron*. ATTENTION: Demeurant un substantif, il est invariable (par opposition aux mots de couleur qui sont devenus de vrais adjectifs et qui s'accordent, tels que *rose* et *violet*). On le fait parfois précéder de *couleur* (*de*):

- *Des rubans **prune** ornent le chapeau de cette vieille dame.* That old woman's hat is trimmed with **plum-colored** ribbons.

- *On peut décrire sa robe **couleur (de) cerise et lilas** comme quelque peu voyante.* One could describe her **lilac and cherry-red** dress as somewhat loud.

- *Le coucher du soleil sillonne le ciel de teintes **lie de vin.*** Sunset streaks the sky with **purplish red** hues.

27	ADJECTIF ANGLAIS / COMPLÉMENT FRANÇAIS INTRODUIT PAR UNE PRÉPOSITION

1. Le procédé est utile pour traduire un adjectif tiré d'un substantif (par ex., les adjectifs se terminant par *-ful, -less, -like, -worthy, -y*). REMARQUE: Le procédé inverse (complément déterminatif anglais traduit par adjectif français) existe également:

- *Je me permets de vous faire voir mes films **de prédilection.*** I would like you to see my **favorite** films.

- *En Beaujolais on ne voit que des terrains **en pente.*** In the Beaujolais region, you see nothing but **sloping** land.

- *La villa se situe dans un paysage **d'une sérénité agreste.*** The villa is located in a **restful country** setting.

- *Nous menons trop souvent une existence **sans but.*** Too often we lead a **purposeless** existence.

- ***En enfant** qu'il était, il s'est sauvé à travers champs.* **Childlike,** he ran off through the fields.

- *Il a un je ne sais quoi **de militaire.*** There is something indefinably **military** about him.

2. Traduire un adjectif anglais par *de* + un substantif, surtout après *être:*

d'usage, de règle	customary
de toute évidence	wholly evident
de justice	fair
de mise	admissible, called for
de loisir	free, available
*se sentir **de bonne humeur***	cheerful

---

28 | ADJECTIF ANGLAIS / CONSTRUCTION VERBALE FRANÇAISE

1. Le procédé sert surtout à traduire un participe présent anglais (*-ing*) employé comme adjectif, mais n'y est pas limité. En général, on utilise, pour ce faire, une proposition relative, permettant d'apporter au style davantage de précision et de variété que ne le ferait l'emploi du simple adjectif:

- *Les avocats doivent régler tous les détails **qui nous laissent perplexes.*** Lawyers must settle all the **perplexing** details.
- *D'un pas **qui hésitait,** elle s'approcha de nous.* With a **hesitating** step, she came toward us.
- *La secrétaire me parle d'une voix **qui tremblote.*** The secretary speaks to me in a **quavering** voice.
- *Je dois dire que cette femme a beaucoup **qui séduit.*** I must say that the woman is very **appealing.**
- *C'est un conte **à dormir debout.*** This is a **tall** tale.
- *Le grand-père raconte des histoires **à n'en plus finir.*** The grandfather tells **endless** stories.

2. Rendre un adjectif marquant le temps par une proposition relative:

- *Dans l'état **où elles sont,** ces maisons vont s'effondrer.* In their **present** condition, these houses will collapse.
- *L'époque **où nous vivons** s'avère passionnante.* The **present** era is proving to be fascinating.
- *Le chapitre **qui suit** se révèle le mieux écrit.* The **subsequent** chapter proves to be the best written.

REMARQUE: Rendre un participe anglais, passé ou présent, par un substantif ou par une préposition + un substantif en français. Le procédé évite l'accumulation de propositions relatives:

- **Les revirements** *d'opinion apportent parfois certains ennuis.* **Changed** opinions sometimes bring with them certain difficulties.
- *Voudriez-vous acheter une voiture **d'occasion?*** Would you like to buy a **used** car?
- *C'est une robe **d'emprunt** que sa sœur m'a laissée hier.* It is a **borrowed** dress that her sister left me yesterday.
- *La ville entière, **en ébullition,** commence à fêter l'été naissant.* The entire city, **bubbling over,** is beginning to celebrate the arrival of summer.

29 | ADJECTIFS NÉGATIFS

Certains procédés existent pour traduire les adjectifs négatifs anglais commençant par *un-* ou *in-* ou se terminant par *-less.*

1. Substituer à l'adjectif négatif un verbe négatif + l'adjectif affirmatif:

- *Je **ne suis pas digne** de cet honneur.* I **am unworthy** of this honor.
- *Il **n'est pas admissible** de parler de la sorte.* It **is unthinkable** to speak that way.
- *Il **n'est pas tolérable** qu'on laisse fumer les enfants.* It **is intolerable** to let children smoke.

2. Substituer les adverbes *peu* ou *mal* + un adjectif:

- *Nous suivions un chemin **peu fréquenté.*** We rode along an **unfrequented** road.
- *Je me sens **mal à l'aise.*** I feel **uneasy.**

3. Substituer *sans* + un substantif, surtout pour traduire des adjectifs anglais en *-less:*

- *Elle provoque des discussions **sans fin.*** She provokes **endless** discussions.
- *On faisait face à un avenir **sans espoir.*** We faced a **hopeless** future.

4. Substituer une proposition relative:

- *C'est un individu **qui n'a pas le sens commun.*** He is a **senseless** individual.

- *Mon amie fait preuve d'un courage **qui ne cède devant rien.*** My friend displays a completely **unyielding** courage.

REMARQUE: Le français évite les formes comparatives et superlatives d'un adjectif au préfixe négatif [(*le*) *plus maladroit, malhonnête, malavisé*] et préfère la forme affirmative précédée de l'adverbe: (*le*) *moins adroit, honnête, avisé*. De même, (*le*) *plus adroit, honnête, avisé* au lieu de (*le*) *moins maladroit, malhonnête, malavisé*.

---

30 | ADJECTIFS RENDUS PAR UN ADVERBE

1. Remplacer un adjectif anglais par un complément circonstanciel en français:

- *Je suis propriétaire d'une maison ancienne **à la campagne.*** I am the owner of an old **country** house.

- *Rien d'anormal que de voir des terrains vagues **en ville**, surtout à New York.* Nothing unusual about seeing **urban** vacant lots, especially in New York.

- *Vous assisterez à un concert **en plein air.*** You will attend an **outdoor** concert.

2. Traduire un adjectif ou une locution adjective de temps ou de lieu par un adverbe français employé comme adjectif, c.-à-d. précédé de *de:*

- *Les étudiants **d'à présent** se voient nettement plus libres que leurs semblables **d'autrefois.*** **Today's** students find themselves clearly freer than their peers **of the past.**

- *J'ai passé l'année **d'avant** à Québec.* I spent the **previous** year in Quebec City.

- *« Mais où sont les neiges **d'antan?** » chante le poète Villon.* "But where are the snows **of yesteryear?**" sings the poet Villon.

REMARQUE: En général, l'article défini précède le substantif qui est ainsi modifié:

*l'existence **d'ici-bas***	MAIS	*une existence ici-bas*
*le mois **d'après***	MAIS	*un mois après*

3. Les adverbes *presque* et *quasi* s'emploient occasionnellement comme adjectifs. ATTENTION: Mettre un trait d'union après *quasi* devant un substantif; utiliser l'article défini ou indéfini, l'adjectif possessif ou démonstratif devant *presque* et *quasi:*

*une **presque totalité***

*sa **presque défaillance***

*cette **quasi-maladie***

*la **quasi-unanimité***

4. On emploie également comme adjectifs les adverbes *bien, mal* et *mieux*. En tant qu'adjectif qualificatif, *bien = proper, decent-looking;* en tant qu'adjectif attribut, *bien = healthy, kind, good, comfortable,* etc.:

- *C'est un vieux monsieur très **bien**.* He is an **upstanding** old gentleman.

- *Elle n'est **pas mal** du tout, cette femme; elle est **mieux** que l'autre.* That woman is really **attractive;** she is **better-looking** than the other one.

- *Je me suis senti **mal** ce matin, mais chez toi je me sens **bien**.* I felt **ill** this morning, but at your place I feel **comfortable** (*relaxed, well, good,* selon le contexte).

31 | ADJECTIFS COMPOSÉS

L'adjectif composé pose peu de difficulté dans la traduction en français. On peut le rendre:

A. par un simple adjectif:

- *C'est une **fieffée** menteuse.** She is a **first-class** liar.

B. par une locution adjective contenant *de* ou *à:*

- *Mon oncle s'est acheté une voiture **bleu d'azur**.* My uncle bought a **sky-blue** car.

- *Le spectateur ressent une émotion **aux racines profondes**.* The spectator experiences a **deep-rooted** (*deep-seated*) emotion.

C. par une simple transposition:

- *Le comédien se vêtit d'une veste **jaune citron**.* The actor put on a **lemon-yellow** jacket.

> Moyens de rendre l'adjectif composé dont le deuxième mot est un participe présent

1. Par un simple adjectif:

- *On entendit un bruit **terrifiant**.* We heard a **spine-tingling** noise.

2. Par une proposition relative ou par un verbe à l'infinitif:

- *C'est une histoire **qui vous fige le sang (à vous figer le sang)**.* It is a **blood-curdling** story.

- *Il y a là une beauté **qui vous coupe (à vous couper) le souffle**.* You find there a **breathtaking** beauty.

3. Par des tournures telles que *d'allure, d'apparence, d'aspect, à l'air, à mine* + un adjectif, lorsque le deuxième terme de l'adjectif composé anglais est *-looking:*

- *Ma voisine est **d'allure** plutôt **hautaine**.* My neighbor is rather **haughty-looking.**

- *Trois adolescents **de belle apparence** se présentèrent dans mon bureau.* Three **nice-looking** teenagers reported to my office.

- *L'auteur décrit maintenant des personnages **à mine patibulaire.*** The author is now describing **scurvy-looking** characters.

REMARQUE: Dans l'expression *avoir l'air,* quand le sujet est féminin, l'accord de l'adjectif peut importer pour le sens voulu. Par ex., *elle a l'air idiot* (accord avec *air*) = elle en a l'air mais elle ne l'est pas en réalité; au contraire, *elle a l'air idiote* (accord avec *elle*) = elle en a l'air et sans doute elle l'est réellement. Noter cependant qu' *à l'air* exige l'adjectif au masculin.

> Moyens de rendre l'adjectif composé dont le deuxième mot est un participe passé

---

1. Par un simple adjectif, avec ou sans adverbe modificateur:

- *C'est une leçon **(bien) connue**.* It is a **well-learned** lesson.

- *Nous ne vendons que des légumes **frais**.* We sell only **fresh-picked** vegetables.

2. Par un participe passé + une préposition + un substantif:

- *En France on voit souvent des routes **bordées de peupliers**.* In France one often sees **poplar-lined** roads.

- *À leur arrivée les pompiers ne virent qu'une maison **envahie de fumée**.* The firemen arrived and saw only a **smoke-filled** house.

3. Par un complément déterminatif avec *à* ou *de,* ou avec *en,* surtout lorsqu'il s'agit de tissus ou de vêtements:

- *Les gens, autrefois, portaient des lunettes **à monture en corne**.* People formerly wore **horn-rimmed** glasses.

- *Le vendeur **au teint blême** s'est montré fort aimable envers nous.* The **pale-faced** salesman was very kind to us.

- *Achetez une maison **de dimension raisonnable**.* Buy a **fair-sized** house.

- *Il nous plairait d'avoir un canapé **en tissu de soie**.* We would like to have a **silk-covered** couch.

- *La dame **en robe blanche** marche vers eux comme un fantôme.* The **white-gowned** lady walks toward them like a phantom.

32 | ADJECTIF POSSESSIF ANGLAIS / PROPOSITION RELATIVE FRANÇAISE

1. Dans le cas d'un substantif marquant le temps:

- *L'époque **où ils vivaient** n'était pas des plus faciles.* **Their** era was not the easiest.

2. Lorsqu'un substantif (ou un pronom) se rattache à un autre moyennant une préposition, car le français évite la construction adjectif possessif + substantif + préposition:

- *La certitude **qu'elle avait** de pouvoir l'aider nous semblait une erreur dont les conséquences seraient graves.* **Her** certitude that she could help him seemed to us an error of serious consequences. [et non *Sa certitude de . . .*]

- *J'apprécie la montagne en été pour l'isolement **où elle se trouve** du vacarme de la métropole.* I enjoy the mountains in the summer for **their** isolation from the racket of the city. [et non *son isolement de . . .*]

- *Nous acceptons l'offre **qu'il nous fait** de nous conduire à l'aéroport.* We accept **his** offer to drive us to the airport. [et non *son offre de . . .*]

- *L'amour **qu'il me voue** ressemble aux grandes amours de l'antiquité.* **His** love for me resembles the great loves of antiquity. [et non *Son amour pour moi . . .*]

REMARQUE: Selon ce procédé, l'article défini remplace l'adjectif possessif.

On se sert du même procédé dans le cas d'un substantif anglais au possessif:

- *Dans l'état de santé **où se trouve ma mère,** il lui faut suivre un régime sérieux.* In **my mother's** state of health, she needs to be careful about her diet.

- *Le livre **qu'a écrit Stendhal** au sujet de Rossini est une pure merveille.* **Stendhal's** book on Rossini is a sheer delight.

- *Je me suis permis d'essayer tous les vêtements **que possédait mon ami.*** I took the liberty of trying on all **my friend's** clothing.

---

33 | EMPLOIS IDIOMATIQUES DE L'ADJECTIF POSSESSIF

1. *Son, sa,* ou *leur,* précédé du verbe *sentir,* s'emploie au lieu de l'article défini au sens de *avoir des caractéristiques de, avoir un soupçon de:*

- *Ses gestes quotidiens, sa manière de raconter, tout **sent sa** vie d'homme de théâtre.* His daily gestures, his way of telling a story, it all **smacks of** his life in the theater.

- *Cette femme parle avec un accent qui **sent** tout à fait **sa** Nouvelle-Angleterre.* That woman speaks with an accent very **typical of** New England.

2. On emploie l'adjectif possessif devant un substantif, qui dénote parfois une mesure quelconque (distance, temporalité, quantité), dans certaines expressions stéréotypées, par ex.:

*être étendu de tout **son** long*	to be stretched full length
*prendre **son** temps*	to take one's time
*manger à **sa** faim*	to eat one's fill
*pleurer **son** soûl*	to cry one's heart out
*monter sur **ses** grands chevaux*	to get on one's high horse
*faire **ses** preuves*	to prove oneself
*être dans **son** droit, **son** tort*	to be right, wrong
*être dans **son** bon sens*	to be in one's right mind

REMARQUE: Le pronom possessif, sans article, sert d'adjectif après *considérer, devenir, dire, être, faire, regarder comme* et *rester:*

- *Ces propriétés, je les ai faites **miennes.*** I made these properties **my own.**

- *Il considère notre ville **sienne,** bien qu'il soit étranger.* He considers our city **his own,** even though he is a foreigner.

---

34 | EMPLOIS DIVERS DE L'ADJECTIF DÉMONSTRATIF

1. Rendre l'article défini anglais par l'adjectif démonstratif en français lorsqu'on se rapporte à une personne ou à une chose déjà mentionnée ou que l'on veut mettre en valeur:

- *Ce génie poétique chez l'écrivain, nous l'avons amplement discuté hier, s'avère indispensable à la compréhension de son œuvre.* **The** author's poetic genius, as we amply discussed yesterday, is shown to be indispensable to understanding his work.

- *Ils ne l'admettent pas,* **cette** *importance que vous accordez au projet.* They do not agree with **the** importance you give to the project.

2. Employer l'adjectif démonstratif devant un substantif pour témoigner de la déférence:

- *Que* **ces** *messieurs et* **ces** *dames veuillent bien prendre leurs places, le spectacle commence.* Ladies and gentlemen, would you please be seated; the show is about to begin.

- *Nous sommes tous allés faire une promenade à la campagne, y compris* **ces** *sœurs Martin, qui ne quittent presque jamais leur maison.* We all went for a walk in the countryside, including **the** Martin sisters, who almost never leave their house.

REMARQUE: L'adjectif démonstratif s'emploie également devant les adjectifs *bon, cher, pauvre* + un substantif (en général un nom propre) pour indiquer une attitude émotive:

- *Ce pauvre Alfred a dû subir les insolences de sa maîtresse, Anne.* Poor Alfred had to endure the insolence of his mistress, Anne.

- *Cette chère tante, elle manque énormément aux enfants.* Dear aunt, the children miss her tremendously.

3. Inversement, à l'adjectif démonstratif anglais correspond l'article défini français lorsqu'il a une valeur généralisante. Il est alors le plus souvent suivi d'une proposition relative:

- *J'admire* **les** *personnes qui, tout en demeurant authentiquement soi, ne manquent pas d'égards envers autrui.* I admire **those** people who, while remaining authentically themselves, still have consideration for other people.

- *Les conceptions hardies qui sont l'apanage des élites intellectuelles ne surgissent pas chez les esprits médiocres.* **Those** bold conceptions that belong to the intellectual elite do not occur to mediocre minds.

REMARQUE: L'article a une valeur démonstrative dans l'expression *de la sorte* utilisée avec un verbe:

- *Vous ne pouvez pas les forcer à répondre de* **la** *sorte.* You cannot force them to answer **that** way.

4. *Ce* a une valeur particularisante après la préposition *de* ou devant la conjonction *que*:

- *Hélas! la vie a de* **ces** *moments!* Alas! Life has **such** moments!

● *Je dois vous avouer* **ce** *fait que mon frère n'oublie jamais mon anniversaire.* I must admit **the** fact that my brother never forgets my birthday.

REMARQUE: On omet parfois *celui, celle,* etc. après *être* et *sembler* (*être*) et devant un complément introduit par *de:*

● *Sa mine, ses vêtements étaient* **d'un** *clochard, non* **d'un** *homme d'affaires.* His appearance, his clothes were **those of** a hobo, not of a businessman.

● *Il avait trente ans et pourtant son visage semblait être* **d'un** *adolescent.* He was thirty years old and yet his face was **that of** an adolescent.

35 | LES ADJECTIFS ANTÉPOSÉS

Se rappeler que la plupart des adjectifs peuvent se placer ou devant ou après le substantif. Il existe néanmoins certains principes qui régissent le choix entre ces deux positions.

Les adjectifs déterminatifs (numéraux, possessifs, démonstratifs) ainsi que certains adjectifs indéfinis de quantité (*chaque, plusieurs, tout, quelque*) *précèdent* toujours le substantif. À part ce seul principe sans exception, l'adjectif antéposé dénote une qualité qui est essentielle et particulière au substantif, ou bien qui lui est manifeste ou innée. L'adjectif et le substantif font pour ainsi dire un tout, par ex., *les savants philosophes, la blanche neige.* La plupart des adjectifs à sens général, ceux qui dénotent âge, taille, caractéristiques morales, vérité, mensonge, etc., précèdent le substantif.

1. Parmi ces adjectifs antéposés, on trouve:

tel	*beau*
jeune	*bon*
vieux	*gentil*
court	*joli*
grand	*mauvais*
gros	*vilain*
large	*dernier*
long	*premier*
petit	

2. L'adjectif précède en général le substantif quand celui-ci est qualifié par un adjectif possessif:

- *Notre **généreux** cadeau fit plaisir à leurs amies.* Our **generous** gift pleased their friends.

- *Veuillez agréer nos **sincères** condoléances.* Please accept our **heartfelt** sympathy.

- *Imaginez mon **agréable** surprise et son **grand** étonnement à lui d'ailleurs.* Imagine my **pleasant** surprise and his own **great** astonishment.

3. L'adjectif précède en général le substantif quand celui-ci est suivi d'un complément déterminatif (*de* + un substantif ou un infinitif), et ce pour assurer l'équilibre rythmique de la phrase. REMARQUE: Faire attention à l'équilibre et à la tonalité de la phrase lorsque plus d'un adjectif précède le substantif:

- *Nous jouissons de **radieuses** journées d'été.* We are blessed with **radiant** summer days.

- *D'**innombrables** cris de joie percèrent la cour intérieure de l'immeuble.* **Innumerable** cries of joy pierced the building's inner courtyard.

- *Notre collègue a pu réaliser d'**étonnants** progrès d'ordre écologique.* Our colleague has been able to effect **astonishing** progress of an ecological order.

- *Un **vague et troublant** désir de quitter cet endroit me saisit tout à coup.* A **vague, disquieting** desire to leave this place suddenly took hold of me.

4. Dans le cas de certains substantifs composés, l'adjectif, bien qu'il serve à distinguer, précède le substantif:

la **Haute**-Loire

les **Basses**-Alpes

un **vert** galant   lusty older man

le **Bas**-Empire	MAIS	les Pays-**Bas**
le **Saint**-Siège	MAIS	la Terre **Sainte**
un **rouge**-gorge	MAIS	une gorge **bleue**
un **blanc**-bec*	MAIS	un livre **blanc**
le **Moyen** Âge	MAIS	l'âge **moyen**

36 | LES ADJECTIFS POSTPOSÉS

L'adjectif postposé dénote une qualité, un trait qui différencie un substantif spécifique de tout autre substantif. Puisque l'adjectif sert donc à distinguer, à caractériser, l'adjectif et le substantif ne font pas un tout, par ex., *une main savante* (*skillful*), *une rose blanche.*

1. La plupart des adjectifs érudits et techniques et ceux qui dénotent un domaine social, scientifique, historique, artistique, religieux, etc., suivent le substantif, par ex.:

>   *l'Afrique* ***équatoriale***
>
>   *un os* ***maxillaire***
>
>   *un laboratoire* ***pressurisé***
>
>   *des panneaux* ***solaires***
>
>   *un anneau* ***nuptial***
>
>   *l'art* ***pré-colombien***
>
>   *la danse* ***folklorique***
>
>   *la foi* ***musulmane***

2. Même les adjectifs les plus ordinaires peuvent, dans certains contextes, servir à distinguer et dans de tels cas, ils suivent le substantif, par ex.:

- *Dans des village* ***petits,*** *il ne se faufile que des allées* ***courtes.*** Only (very) **short** lanes twist through **tiny** villages.

3. Lorsque l'adjectif est modifié par un complément introduit par une préposition, l'adjectif suit le substantif:

>   *de la* ***bonne*** *musique*   MAIS   *de la musique* ***bonne*** *à écouter*

4. L'adjectif modifié par un adverbe de plus de deux syllabes (c.-à-d. autre que *assez, aussi, bien, fort, moins, plus, très,* etc.), suit en général le substantif:

>   *un homme extrêmement* ***beau***
>
>   *la terre malheureusement* ***sèche***
>
>   *un professeur exagérément* ***sévère***

5. L'adjectif suit le substantif dans une construction absolue:

- *Je regardais* ***bouche bée*** *la scène insolite qui se passait devant moi.* I stared **open-mouthed** at the strange scene taking place before me.
- *La langue liée, il n'arrivait pas à s'exprimer devant son frère aîné.* **Tongue-tied,** he could not manage to express himself before his elder brother.
- *Le cœur gros, j'ai dû la quitter.* **Sad at heart,** I had to leave her.

6. L'adjectif suit le substantif dans la construction *avoir le (la, les)* + un substantif + un adjectif:

- *Mon chien a le museau **long** et les yeux **petits**.* My dog has a **long** nose and **small** eyes.
- *Cette conférencière a la voix **douce** et **mélodieuse**.* This lecturer has a **soft** and **melodious** voice.

7. L'adjectif suit le substantif lorsque l'adjectif est, en fait, un substantif employé comme adjectif:

*un effet **bœuf****	striking
*un tempérament **bon enfant***	good-natured

---

37 | LES ADJECTIFS À POSITION VARIABLE

L'adjectif qui précède le substantif comporte une appréciation ou une impression alors que l'adjectif qui suit caractérise ou distingue — il est un signe distinctif du substantif. Ce principe explique pourquoi l'adjectif transmet un sens différent selon qu'il précède ou qu'il suive le substantif; par ex., *le pauvre vieillard* (*pauvre* exprime la pitié) et *le vieillard pauvre* (*pauvre* exprime la misère). Il existe d'ailleurs une aire stylistique plus complexe où des raisons d'euphonie, de rythme ou d'affectivité déterminent de nouveaux critères pour la position de l'adjectif qualificatif. Sont décisifs les facteurs tels que la nuance précise de sens, le contexte, le rythme et l'équilibre de la phrase, le degré de subjectivité ou d'objectivité voulu, l'élégance du style.

1. Certains adjectifs qui précèdent normalement le substantif peuvent parfois le suivre:

A. Les nombres cardinaux et ordinaux précèdent normalement le substantif, mais lorsqu'ils servent à le distinguer ils le suivent:

__quatorze__ rois de ce nom	MAIS	*Louis **quatorze***
__deux cents__ pages	MAIS	*la page **deux cent***
*le **premier** acte*	MAIS	*Acte **premier***

B. L'adjectif précède le nom propre, mais le suit lorsque l'adjectif est évidemment un signe distinctif. Noter que l'adjectif est précédé de l'article défini:

*le **grave** Marcel*	solemn
*la **généreuse** Mme Jaunet*	
*la Grèce **antique***	*par opposition à la Grèce **moderne***
*la France **industrielle***	*par opposition à la France **agricole***

C. Les adjectifs *dernier* et *prochain* précèdent normalement tout substantif autre que les substantifs marquant le temps:

la **prochaine** représentation	the next performance, *c.-à-d.,* the following performance *ou* the performance about to take place
la **dernière** classe	the last (most recent) class *ou* the last (final in a series) class

Toutefois, dans certaines expressions temporelles, la position de ces adjectifs nuance la signification:

la **prochaine** semaine[1]	the following week *ou* the next week
la semaine **prochaine**	next week
la **dernière** année	the final year *ou* the last year
l'année **dernière**	last year

2. Certains adjectifs qui suivent normalement le substantif peuvent parfois le précéder:

A. L'adjectif dénotant une qualité perceptible aux sens suit en général le substantif, mais le précède lorsqu'il est employé au figuré, ou pour décrire un aspect de la nature, surtout un aspect inné à un objet quelconque:

une **verte** semonce	a sharp calling down
de **noirs** chagrins, soucis	
une **chaude** dispute	
une **étroite** amitié	
le **vert** feuillage	
le **bleu** ciel des îles grecques	

B. Le participe employé comme adjectif suit en général le substantif, mais le précède lorsqu'il sert d'épithète affective ou qu'il est devenu adjectif:

une **étonnante** réussite	
une **massacrante** chaleur d'été	
sa **prétendue** intelligence	would-be intelligence
ce **futé** garçon*	sharp fellow

3. De nombreux adjectifs changent de sens selon leur anté- ou postposition par rapport au substantif:

une **ancienne** école (former)	MAIS	une école **ancienne** (old)

---

[1] Dans une expression temporelle, l'antéposition de *prochain* est rare. On dit *la semaine suivante* ou *la semaine d'après* plutôt que *la prochaine semaine*.

*une **autre** histoire* (other, additional)	MAIS	*une histoire **autre*** (changed, different)
*une **bonne** infirmière* (good, competent)	MAIS	*une infirmière **bonne*** (kind-hearted, good-natured)
*un **brave** garçon* (good)	MAIS	*un garçon **brave*** (courageous)
*une **certaine** affaire* (certain, particular)	MAIS	*une affaire **certaine*** (sure)
*un **cher** chien* (dear)	MAIS	*un chien **cher*** (expensive)
***différentes** personnes* (various)	MAIS	*des personnes **différentes*** (different, other)
***diverses** idées* (various)	MAIS	*des idées **diverses*** (divergent)
*un **faux** document* (counterfeit)	MAIS	*un document **faux*** (incorrect)
*un **grand** général* (great)[2]	MAIS	*un général **grand*** (tall)
*une **heureuse** occasion* (fortunate, lucky)	MAIS	*une occasion **heureuse*** (happy)
*une **légère** modification* (slight)	MAIS	*un fardeau **léger*** (light)
*une **lourde** accusation* (serious)	MAIS	*un fardeau **lourd*** (heavy)
*de **mauvaises** manœuvres* (mistaken, wrong)	MAIS	*des manœuvres **mauvaises*** (evil)
*une **méchante** excuse* (lame, weak)	MAIS	*un animal **méchant*** (ill-tempered)
*le **même** livre* (same)	MAIS	*le livre **même*** (very, itself)
*une **nouvelle** voiture* (different from before *ou* new)	MAIS	*une voiture **nouvelle*** (brand new)

---

[2] *Grand,* tout en précédant le substantif, peut signifier *tall,* par ex.: *un grand arbre, un grand mât, un grand jeune homme.*

nul *désir* (no)	MAIS	*un écrivain* **nul** (worthless)
mon **propre** *outil* (own)	MAIS	*mon outil* **propre** (clean)
un **sale** *propriétaire* (nasty)	MAIS	*un propriétaire* **sale** (unclean)
un **seul** *habitant* (only one)	MAIS	*un habitant* **seul** (alone, lonely)[3]
un **simple** *prétexte* (mere)	MAIS	*un prétexte* **simple** (uncomplicated)
un **vrai** *ami* (real, genuine)	MAIS	*un ami* **vrai** (sincere, candid)

4. D'importantes valeurs de rythme, d'euphonie et d'affectivité sont à considérer lors du choix de la position de l'adjectif qualificatif.

   A. Lorsqu'il y a un substantif monosyllabique, en général ne pas faire précéder un adjectif également monosyllabique, à l'exception du cas des adjectifs à sens très général qui précèdent normalement le substantif:

une ~~laide~~ *femme*	MAIS	*une* **belle** *femme*
le ~~chaud~~ *temps*	MAIS	*le* **beau** *temps*
la ~~noire~~ *robe*	MAIS	*la* **vraie** *robe*
un ~~fort~~ *vent*	MAIS	*un* **grand** *vent*

   B. Au contraire, on peut faire précéder un adjectif polysyllabique et souligner ainsi la valeur affective de l'adjectif:

   • *Sur l'écran se profilait la* **gigantesque** *tête du petit chat.* On the screen the **gigantic** head of the little cat stood out in profile.

   • *Quels* **époustouflants** *films que ceux de Fellini!* * What **astounding** films Fellini's are!

   • *À la fin d'un* **rigoureux** *hiver passé en Norvège, j'étais contente de retrouver la chaleur du Sud.* At the end of a **rigorous** Norwegian winter, I was glad to rediscover the warmth of the south.

   C. Le heurt de certains sons vocaliques est à éviter dans le choix et la position de l'adjectif et du substantif. L'aspect coulant de la phrase et l'intensité du heurt seraient les facteurs décisifs:

le ~~vrai air~~ *de montagne*	MAIS	*la* **vraie Italie**

---

[3] Placé entre l'article défini et le substantif, *seul* a le sens de *alone, sheer, sole*:

la **seule** *volonté de vivre*	the sheer will to live
dans la **seule** *ville de Lyon*	in the city of Lyon alone

l'homme ~~*peu heureux*~~   MAIS   *l'homme* **peu intéressé**

le ~~*chat allongé*~~   MAIS   *le* **chat étiré**

D. Pour la plupart des adjectifs à valeur affective (et qui s'emploient toujours subjectivement), le choix de position se fait en fonction de la mise en relief de l'adjectif, ou du substantif qu'il modifie, ainsi qu'en fonction du rythme, de l'euphonie et de l'équilibre de la phrase. De ce principe, il ressort qu'un adjectif placé normalement après le substantif acquiert une puissance accusée s'il est placé devant, et vice versa:

- *Son roman fut un* **admirable** *accomplissement.* Her novel was a **really admirable** accomplishment.

- *Son premier film a été une* **prodigieuse** *réussite.* His first film was a (truly) **outstanding** success.

- *C'est un* **remarquable** *individu qui réagit de façon intelligente.* He is a **highly remarkable** individual who reacts intelligently.

- *Voilà une amitié* **vraie** *que nous vivons.* It is a **really true** friendship that we share.

- *Grâce à sa compétence* **fausse,** *notre maison a fait faillite.* Because of his **altogether phony** competence, our company went bankrupt.

E. Après *sans,* l'adjectif *aucun,* s'il suit le substantif, croît en valeur affective, surtout en position finale de la phrase:

- *Cet homme a beau paraître influent, il est en réalité* **sans** *puissance* **aucune.** No matter how influential that man appears, he has in fact **no** power **whatever** (**no** power **at all, not the slightest** power).

- *En dépit de sa maladie récente, il marche* **sans** *difficulté* **aucune.** In spite of his recent illness, he can walk **without any** difficulty **at all.**

F. Pour apporter au style une certaine élégance, employer le procédé dit *chiasme* = substantif + adjectif, puis adjectif + substantif, ou vice versa. REMARQUE: Les substantifs ou les adjectifs peuvent ou non être les mêmes:

- *Il existe chez elle une* **intelligence exceptionnelle** *et une* **exquise sensibilité.** She possesses both an **exceptional intelligence** and an **exquisite sensitivity.**

- *Un* **vieux château** *et un* **bâtiment moderne** *se font face dans le même village.* An **old castle** and a **modern building** face each other in the same village.

5 | L'ARTICLE

---

38 | EMPLOI ET OMISSION DE L'ARTICLE DEVANT UN SUBSTANTIF EN APPOSITION

1. L'emploi de l'article défini pour introduire une apposition implique que le lecteur ou l'auditeur possède déjà les renseignements contenus dans l'apposition, qui ne servirait donc qu'à les lui rappeler:

- *J'achète mes croissants chez Pesson, le boulanger à l'angle de l'avenue Foch.* I buy my croissants at Pesson's, **the** baker at the corner of Avenue Foch.

- *Le tableau est de Braque, le célèbre peintre français.* The painting is by Braque, **the** celebrated French painter.

2. L'omission de l'article facilite la compréhension d'un fait peu ou non connu du lecteur ou de l'auditeur:

- *Notre association l'a élu président, poste qu'il aurait dû occuper depuis longtemps.* Our association elected him president, **a** position that he should have held for a long time now.

- *J'achète la viande chez Caron, boucher du quartier.* I buy meat at Caron's, **a** neighborhood butcher.

En résumé

Garder l'article = répéter ce que tout le monde sait, rappeler, ou insister sur un fait déjà connu.

Omettre l'article = donner de nouveaux renseignements; permettre d'apprendre un fait inconnu ou peu connu.

55

ATTENTION: Ce point grammatical est épineux, ayant affaire au contexte de la situation évoquée, aux nuances de sens voulues et à l'intention de celui qui écrit ou qui parle.

3. Omettre de rigueur l'article si le substantif en apposition précède l'autre substantif (ou le pronom correspondant):

- *Observateur fidèle de l'histoire américaine, il ne laisse rien lui échapper.* **A** faithful observer of American history, he allows nothing to escape him.

REMARQUE: Si le substantif en apposition suit le pronom personnel, un pronom personnel auxiliaire à la forme tonique peut s'introduire immédiatement devant le substantif:

- *Il ne laisse rien lui échapper,* **lui** *observateur fidèle de l'histoire américaine.*

39 | EXPRESSIONS FIGÉES

Omettre l'article défini ou indéfini après certaines prépositions dans un nombre d'expressions, par ex.:

à jour nommé	on the appointed day
à travers champs	across country, fields
descendre de cheval	dismount
en semaine	during the week
jusqu'à début août	until the beginning of August
sous forme de	in the form of
sur place	on the spot
vendre à perte	to sell at a loss
contre terre	to (put one's ear) to the ground

40 | ARTICLE DÉFINI ANGLAIS / ARTICLE INDÉFINI FRANÇAIS

Aux expressions anglaises telles que **the** *sound of* **a** *stream* et **the** *hand of* **a** *master,* le français fait correspondre une construction dans laquelle l'article défini anglais est remplacé par un indéfini français et l'article indéfini anglais est omis:

- *Nous entendîmes près de la cabane* **un bruit de ruisseau.** We heard **the sound of a stream** near the cabin.

- *Ce travail fait voir **une main de maître**.* This work reveals **the hand of a master.**
- *La vieille dame fait preuve d'**une énergie de jeune femme**.* The old woman exhibits **the energy of a young woman.**

REMARQUE: Rendre de même l'anglais *as (a), as of, akin to, like a, -like,* lorsqu'il s'agit d'une comparaison:

- *Les hommes se ruaient vers eux **en poussant des cris de bêtes**.* **Roaring like animals,** the men rushed toward them.
- *En plein hiver il faisait **un temps** ensoleillé **de printemps**.* In the middle of winter we had sunny, **springlike weather.**

41 | *DE* OU *À* LIANT DEUX SUBSTANTIFS

L'emploi ou l'omission de l'article défini pose certaines difficultés.

1. *De* — c'est l'usage consacré qui détermine; il faut donc beaucoup de pratique pour utiliser correctement ce genre d'expressions, par ex.:

*le vent **d'**est*	MAIS	*le vent **du** nord*
*le vent **d'**ouest*	MAIS	*le vent **du** sud*
*jeux **de** mots*	MAIS	*jeux **de la** fortune*
*des études **de** droit*	MAIS	*l'étude **de l'**histoire*

2. *À* + un substantif exprimant but ou usage:

A. Lorsqu'il y a omission de l'article défini, le deuxième substantif indique plutôt le but et l'usage du premier:

*une machine **à** vapeur*

*la tasse **à** café*

*une boîte **à** conserves*

*le casier **à** bouteilles*

B. Lorsqu'il y a emploi de l'article, le deuxième substantif indique en plus le contenu du premier:

*la boîte **aux** lettres*

*un pot **au** lait*

*le jardin **aux** légumes*

3. *À* + un substantif exprimant une caractéristique:

A. En général, il y a omission de l'article défini lorsque les deux sub-stantifs forment un tout:

une fenêtre à guillotine	sash window
la corde à fouet	whipcord
une armoire à linge	clothes chest

B. L'emploi de l'article est parfois facultatif:

- *Regardez la femme à (aux) cheveux teints au henné.* Look at the woman **with** (**the**) henna-tinted hair.

- *Voulez-vous un chat à (la) fourrure couleur poivre et sel?* Do you want a cat **with** salt-and-pepper-colored fur?

- *C'est un homme à (la) poitrine énorme et à (aux) bras musclés.* The man has **an** enormous chest and muscular arms.

4. On emploie obligatoirement l'article défini lorsque le substantif dénote un fait censé être connu de tout le monde, mentionné antérieurement, ou caractérisé de façon précise:

- *Les touristes ont visité la ville à la tour penchée.* (= Pisa)

- *Tout le monde connaît la ville aux sept collines, mais connaissez-vous une ville à cinq collines? (ville aux sept collines* = Rome)

- *Le personnage à la voix nasillarde revint sous peu sur scène.* The character **with the** nasal voice returned shortly to the stage.

- *L'amazone à la culotte de peau et à l'habit de cheval me distança de quelques pas.* The horsewoman **dressed in** buckskin breeches and riding coat outpaced me by a few steps.

5. Employer l'article défini lorsque le deuxième substantif indique le com-posant du premier ou les matériaux utilisés pour le fabriquer:

un tableau à l'aquarelle	watercolor
du vernis à l'essence	turpentine varnish
un potage aux légumes	vegetable soup
des croissants tout au beurre	all-butter croissants

REMARQUE: Avec la préposition *en*, l'article ne s'emploie jamais:

des boîtes en carton	cardboard boxes
un bracelet en argent	silver bracelet
une nappe en toile	linen tablecloth

6. L'article s'emploie souvent lorsque le substantif dénote des qualités mentales ou psychologiques:

- *J'ai peu d'étudiants **à la** volonté qui flanche.** I have few students **whose** willpower gives out.

- *C'est une institutrice **à l**'esprit sérieux et **à la** personnalité forte.* She is a serious-minded schoolteacher **with a** strong personality.

7. Pour caractériser davantage le substantif, utiliser *avec* + l'article indéfini ou l'adjectif possessif:

- *Mon vieux chien, **avec une** patte (**sa** patte) tremblotante, persiste à me suivre partout.* My old dog, **with a** shaky leg, insists on following me everywhere.

- *À Venise on voit des maisons **avec des** façades enduites de stuc et **avec des** couleurs multiples.* In Venice one sees multicolored houses **with** stucco facades.

---

42 | OMISSION DE L'ARTICLE: AUTRES EXEMPLES

1. Omettre l'article indéfini après *en, en guise de, en qualité de, en tant que* (*as a, like a, considered as*) devant un substantif, ainsi qu'après *comme* (*considered as, in the capacity of*) dans une proposition en apposition (mais non après *comme = in the manner of*):

- *Il a eu l'audace de se présenter **comme** maître de danse.* He had the audacity to present himself **as a** dancing master.

- ***En tant qu**'homme d'affaires, c'en est un célèbre.* **As a** businessman he is famous.

- *Nous nous sommes servis de boîtes **en guise de** tables.* We used boxes **as** tables.

- *Le public la considère supérieure à lui **comme** critique d'art.* The public considers her superior to him **as an** art critic.

2. On omet souvent l'article, dans les comparaisons, après *comme* ou *que* comparatif, surtout dans des expressions figées, par ex.:

bête **comme** chou*	childishly simple
blanc **comme** neige	white as snow
amer **comme** chicotin	very bitter
froid **comme** glace	cold as ice
croire dur **comme** fer	firmly believe
plus blanc **que** neige	whiter than snow

3. Omettre l'article dans l'expression *en plein* + un substantif, par ex.:

*en **pleine** saison*	at the height of the season
*en **pleine** ville*	right in the city (in town)
*en **pleine** figure*	right (full) in the face
*en **plein** vingtième siècle*	in the middle of the twentieth century
*en **pleine** rue*	out in the street
*en **plein** tribunal*	in open court

4. On omet souvent l'article indéfini après (*c'*) *est*, (*ce*) *sont* et leurs variantes verbales, surtout devant *chose* ou *chose* + un adjectif, et également après *il y a:*

- *La vérité (c') est **chose relative**.* Truth is **a relative thing**.

- *Voir l'Amérique — ce devait être **chose exaltante**.* Seeing America— that must have been **an exciting thing**.

- *Il y a **possibilité** (Il y aura **façon**) d'aller au Caire l'année prochaine.* **There is a possibility** (**There will be a way**) of going to Cairo next year.

  REMARQUE: L'article s'omet toujours si le substantif précède *il y a* (ordre inverse):

- *Nous allons au spectacle ce soir, **si spectacle il y a**, étant donné la tempête qui rage.* We are going to the show tonight, **if there is a show** (**if show there be**), given the raging storm.

- *Faisons face aux examens, **puisqu'examens il y a**.* Let us face the examinations, **since there are examinations**.

5. L'article s'omet souvent après *ne . . . que:*

- *Dans le Massif central l'hiver **n'**est **que** neige et froid continus, mais quelle splendeur!* In the Massif Central, winter is **nothing but** unending snow and cold—but what splendor!

- *Dans toute la vallée on **ne** voyait **que** rivières et ruisseaux.* Throughout the valley, **only** rivers and streams could be seen.

6. L'article est omis après *force,* adjectif invariable (*many*), et *maint* (*many a*):

*avec **force** compliments*

***force** gens*

*à **maintes** reprises*

*en **mainte** occasion*

***maintes** et **maintes** fois*

43 | EMPLOI DE L'ARTICLE: AUTRES EXEMPLES

1. L'article défini s'emploie dans la tournure idiomatique, à valeurs démonstrative et exclamative, composée de l'article + un adjectif + un substantif:

- *L'exquis parfum que celui de la glycine!* **What an** exquisite fragrance wisteria has!
- *Le difficile, le spectaculaire hiver dans les Alpes!* **How** difficult, **how** spectacular winter is in the Alps!
- *Le bel été qu'on a eu!* **What a** lovely summer we had!
- *La belle affaire!* Is that all! [*ironique*]

2. La préposition *de* + l'article défini est employé après *y avoir* ou *tenir* (ces deux expressions au sens de *avoir quelque chose de*):

- *Dans son allure, il y avait de l'aventurier, du poète rêveur.* **There was something of the** adventurer, **the** dreamer-poet about him.
- *Par la façon dont elle se comporte, elle tient de l'artiste, de la bohème.* In her behavior **there is something of the** artist and **the** bohemian.

3. L'article indéfini pluriel peut s'employer lorsqu'il est question d'indiquer quantités, sommes, périodes de temps, etc.:

- *Le médecin oblige mon père à lui rendre visite des cinq ou six fois par mois.* The doctor has my father go to his office **about** five or six times a month.
- *Il se trouve que nous faisons un cours avec des quarante ou des cinquante étudiants.* It happens that we give a course with **some** forty or fifty students.

4. Employer l'article défini intercalé entre *dans* et un substantif marquant le temps ou la quantité pour indiquer la délimitation ou l'approximation:

- *La banque dépose votre argent dans les vingt-quatre heures.* The bank deposits your money **within** twenty-four hours.
- *Votre assistante doit avoir dans les trente ou quarante ans.* Your assistant is likely **in** her thirties or forties.
- *Comme professeur il ne touche que dans les neuf cents dollars par mois.* As a teacher he takes home only **around** nine hundred dollars a month.

*5. On emploie l'article indéfini devant un substantif abstrait pour composer une tournure elliptique (où l'adjectif manque) à valeur affective forte (concrétisation de l'abstrait afin de souligner l'émotivité):

- *L'avocat a plaidé avec **une** éloquence!* The lawyer made his case with **such** eloquence!

- *Ces nouvelles m'ont mis dans **un** état!* That news **really and truly** upset me!

- *Elle est entrée dans la salle avec **une** grâce!* She entered the room with **astonishing** grace!

*REMARQUE: Dans la construction *d'un* + un adjectif, celui-ci peut s'employer comme substantif:

- *La cérémonie était **d'un** magnifique!* The ceremony was **really** magnificent!

6 | LE PRONOM

EMPLOI DU PRONOM PERSONNEL *EN*

1. Employer obligatoirement *en,* pronom partitif, dans une comparaison après *comme, tel que, autant que,* etc.:

- *Il nous a montré des bijoux comme nous n'en avions jamais vu de notre vie.* He showed us jewels the likes **of which** we had never seen in our lives.

- *Le dramaturge veut créer un de ces personnages tel qu'on en parlera.* The dramatist wants to create one of those characters that people will talk **about.**

- *Notre arbre de Noël est orné d'autant de belles et bonnes choses qu'il est possible d'en imaginer.* Our Christmas tree is decorated with as many lovely and good things as it is possible to imagine.

2. Employer *en* (pour rappeler ce qui a déjà été mentionné) devant *autre* précédé de l'article indéfini:

- *Il n'a pas raconté cette histoire-là; c'en était une autre.* He did not tell that story; it was another (**one**).

- *Je n'ai pas commandé ce parfum, donnez m'en un autre.* I did not order that perfume; give me another.

3. On emploie *en* par pléonasme pour mettre en relief le substantif qui suit et qui est précédé d'un article partitif ou indéfini:

- *Il y en a eu du grabuge, et pendant toute la nuit!** What a row there was, and the whole night long!

- *J'en ai connu de bons moments pendant mes vacances.* There were lots of very good moments during my vacation.

- *Tu veux une gifle?* **En** *voilà une gifle!* You want a slap in the face? Here it is!

4. Remplacer l'adjectif possessif qui modifie une chose inanimée par *en* + l'article défini:

- *Elle* **en** *aperçut* **le** *célèbre clocher.* She perceived **its** well-known spire.

- *Il faut que nous* **en** *considérions* **les** *effets secondaires.* We need to take into account **its** side effects.

45 │ PRONOMS DÉMONSTRATIFS *CECI* ET *CELA*

1. Remplacer les pronoms démonstratifs *ceci* et *cela,* vagues et neutres, par *ce* + un substantif précis, dérivé du contexte. ATTENTION: Le procédé nécessite parfois un changement de verbe:

- **Ce refus** *est impossible.* **That** is impossible.

- *Vous inventez* **cette histoire** *rien que pour me faire plaisir.* You are making **that** up just to please me.

- *À cause de* **ce déluge,** *on doit avancer l'heure de notre départ.* Due to **that,** we need to leave earlier than planned.

REMARQUE: Une expression verbale remplaçant *ceci* ou *cela* peut également apporter plus de précision:

- *Il ne saurait être question de* **partir avant l'heure convenue** *(de faire cela).* **Leaving before the appointed hour** (Doing that) is out of the question.

- *Ses assistants ont pensé* **lui adresser la parole ainsi** *(lui dire ceci).* Her assistants thought of **talking to her this way** (telling her this).

2. *Cela* s'emploie souvent comme sujet neutre (*it, this, that*) qui se rapporte à un énoncé antérieur et qui le résume:

- *On a annoncé de la pluie pour aujourd'hui; heureusement* **cela** *ne s'est pas produit.* They predicted rain for today, but happily **it** did not happen.

- *Elle a beaucoup de copies à corriger;* **cela** *fait partie du travail d'un professeur.* She has many papers to correct; **that** is part of a teacher's job.

*3. *Cela* (*it*), surtout sous la forme contractée *ça,* et *ce* (*it*) s'emploient de façon péjorative dans la description d'une personne:

- *C'est homme d'état, c'est intellectuel et c'est toujours dans les choux.* **He** is a man of state, an intellectual, and **he** is always in a pickle.

- *C'est laid comme une chenille et **ça** se croit la reine du quartier.* **She** is as ugly as homemade sin, and **she** thinks she is the queen of the neighborhood.

46 MOYENS DE PERMETTRE AU PRONOM RELATIF DE SUIVRE IMMÉDIATEMENT SON ANTÉCÉDENT

Le pronom relatif doit obligatoirement suivre directement son antécédent, sauf si le sens de la phrase ne prête à aucune ambiguïté. Par ex., *il n'y a aucun **étudiant** dans la salle de classe **qui** n'ait pris sa place* est tout à fait clair. Il faut cependant assez souvent un changement d'ordre des mots en passant de l'anglais au français afin que la grammaire soit respectée et que l'idée soit claire et exacte.

1. Faire l'inversion du sujet et du verbe:

- *De toutes parts **affluaient des gens qui** étaient venus rien que pour assister au théâtre ambulant.* **People flocked** from all over just to see the traveling show.

- *Il est inévitable que **se présentent** à l'étudiant **des règles de grammaire qui** le rendent perplexe.* It is inevitable that the student **will be faced with grammar rules that** puzzle him.

2. Répéter l'antécédent ou employer un synonyme ou un pronom qui le remplace:

- *Le professeur a esquissé un panorama du roman français, **panorama qui** nous a été fort utile.* The professor outlined a panorama of the French novel, **which** was very useful to us.

- *Les romans de Zola mettent à jour la pauvreté à une époque antérieure en France, **misère qui** existe toujours à l'époque actuelle.* Zola's novels bring to light the poverty of a past era in France, **misery which** still exists today.

- *Notre guide se débrouillait formidablement bien, **lui qui** connaissait déjà la langue du pays.** Our guide, **who** already knew the language of the country, managed really well.

REMARQUE: Se servir pareillement d'un substantif en apposition + un pronom relatif:

A. pour rendre l'adjectif relatif anglais *which,* souvent lorsque l'antécédent est vague:

- *L'association pense organiser des voyages touristiques aussitôt que possible, **idée qui** ne déplaît à personne.* The association is thinking of organizing tourist trips as soon as possible, (**an idea**) **which** displeases no one.

- *Le consommateur est trop vite porté à jeter pour acheter du neuf,* ***habitude qui*** *n'est pas recommandée.* The consumer is too easily prone to throw things away in order to buy something new, (**a habit**) **which** is not recommended.

B. pour résumer l'idée de lieu ou de temps, souvent lorsque l'antécédent est vague. Par ex.:

> . . . , ***pays qui***
>
> . . . , ***endroit où***
>
> . . . , ***hôtel où***
>
> . . . , ***époque à laquelle (où)***
>
> . . . , ***moment auquel (où)***
>
> . . . , ***soirée à laquelle (où)***

3. Employer *et qui, ou qui, puis qui, mais qui, enfin qui* pour lier une proposition relative à un antécédent modifié par une locution contenant un substantif:

- *Mon confrère, professeur à l'université,* ***et qui*** *est président de notre association, doit souvent s'absenter pour faire des conférences à l'étranger.* My colleague, a university professor **and** also president of our association, often has to be away to give lectures abroad.

- *C'est un avocat célèbre dans le monde entier,* ***mais qui*** *est aussi un poète doué et peu connu.* He is a world-renowned lawyer **who** is also a gifted and little-known poet.

- *Les enfants, d'abord mal à l'aise dans leurs nouveaux vêtements,* ***puis qui*** *s'y sont petit à petit habitués, nous arrivèrent tout sages.* The children, at first uncomfortable in their new clothes, got used to them and came to us quite well-behaved.

> REMARQUE: La proposition relative se lie souvent ainsi à son antécédent, même lorsqu'aucune locution modificatrice n'intervient:

- *Ce ne sont là que des orages,* ***et qui*** *vont s'arrêter immédiatement.* They are only showers and will end right away.

- *C'était un être original* ***et dont*** *la présence amusait beaucoup de gens.* He was an eccentric being **whose** presence amused many people.

4. Utiliser un verbe impersonnel:

- ***Il s'est présenté une occasion que*** *nous avons tous eu intérêt à saisir.* **An opportunity presented itself** from **which** we could all benefit.

5. Employer *celui, celle,* etc.:

- *À Paris, on annonce l'élection à l'Académie française de Julien Green, le grand **écrivain** américain et français, **celui qui** est l'auteur de romans et de pièces de théâtre.* In Paris it was announced that Julien Green, the great American and French **writer** of novels and plays, has been elected to the French Academy.

REMARQUE: La tournure idiomatique composée de *c'est (c'était) à qui* + un verbe au temps futur ou conditionnel, ainsi que l'expression *à qui mieux mieux,* s'emploient pour dénoter concurrence, rivalité, émulation, etc. [anglais, *to vie with . . . as to who would* (*could*)]. ATTENTION: Employer avec prudence:

> ***c'est à qui** criera le plus fort (ils crient **à qui mieux mieux**)*
>
> ***c'était à qui** serait le plus fort*

---

47 | MOYENS D'ÉVITER LA MULTIPLICATION DE PROPOSITIONS RELATIVES

L'accumulation de propositions relatives rend une phrase lourde et mène souvent à des ambiguïtés de sens aussi bien qu'à des gaucheries de style.

1. Substituer un substantif en apposition:

- *Le Concorde, **merveille** de la (qui représente un progrès important de la) technologie moderne, coûte cependant très cher au passager.* The Concorde, **which represents a marvel** of modern technology, is, however, very costly for the passenger.

- *Le petit garçon, **futur président** (qui allait un jour être président), ne payait pas de mine.* The little boy, **who would be president one day,** was not much to look at.

REMARQUE: Un substantif peut remplacer à la fois l'antécédent *ce* (pronom neutre) + une proposition relative:

- *Vous venez d'entendre la **perfection musicale** (ce qu'il y a de parfait en musique).* You have just heard **what is perfect in music.**

- *Vous rendez-vous compte des **conséquences de votre acte** (de ce qui arrivera à cause de votre acte)?* Do you realize **what will happen because of your act?**

- *On annonce l'arrivée du train et, **fait remarquable** (ce qu'il y a de remarquable), ne le voilà-t-il pas devant nous.** They are announcing the arrival of the train, and **what is amazing** is that there it is before us.

2. Substituer un adjectif, y compris le participe utilisé comme adjectif. Le procédé apporte concision, précision et puissance au style et au sens de la phrase:

- *Ce sont des aliments à peine **mangeables** (que l'on peut à peine manger).* This food is hardly **edible.**

- *Leur père, **optimiste** de nature (qui est optimiste naturellement), est admiré de tous.* Their father, **optimistic** by nature, is admired by everyone.

- *Nous ne voyons que des jeunes **vêtus de** jeans (qui portent des jeans): c'est la mode internationale.* All we see is young people **in (wearing)** jeans; it is the international style.

- *Nous habitons un hameau **traversé de** ruisseaux (qui est coupé de nombreux ruisseaux) et **blotti** (qui se trouve) au creux de la vallée.* We live in a hamlet **crisscrossed by** streams and **snuggled** in the hollow of the valley.

- *Mes examens enfin **terminés** (qui se sont enfin terminés) ne me créent plus d'angoisses.* My examinations, **finished** at last, are no longer a source of distress.

3. Remplacer la proposition relative par une préposition (en général *à* ou *de*) + un pronom personnel tonique + un participe (en général, passé) ou un adjectif. ATTENTION: Le procédé est à utiliser avec soin:

- *Arrivé au bal, je n'ai vu personne **de moi connu** (que je connaissais).* At the ball I saw no one **whom I knew.**

- *Elle a commis certaines erreurs **pour moi inadmissibles** (qui sont pour moi inadmissibles), aussi je ne l'invite plus.* She made certain mistakes **that I find inexcusable;** therefore, I no longer invite her.

- *Le notaire a accusé réception de nombreux documents **à lui expédiés** (qui lui ont été expédiés).* The notary acknowledged receipt of numerous documents **sent to him.**

4. Remplacer la proposition relative par une préposition + un substantif:

- *C'est un enfant **en lutte** constante (qui lutte constamment) avec ses parents.* He is a child **who is** constantly **fighting** his parents.

- *Nadja symbolise l'âme errante **en quête** de soi (qui cherche son soi).* Nadja symbolizes the wandering soul **in search** of self.

- *Mon frère, **à l'instar d'**une vedette (qui essaie d'imiter une vedette) de cinéma, se fait interviewer.* My brother, **imitating** a movie star, is being interviewed.

7 | LA PRÉPOSITION

L'usage correct de la préposition exige beaucoup d'étude, surtout lorsqu'il faut traduire de l'anglais en français. Il y a non seulement à respecter les différences exigées par les idiotismes de chacune des deux langues, mais encore il faut noter la fonction et l'importance accordées à la préposition en général. En français, par ex., la préposition est relativement faible et ne peut être indicatrice de mouvement, cette fonction étant réservée au verbe. Au contraire, en anglais, la préposition est porteuse de sens; postposée au verbe, elle en fait partie intégrante (*to run **off**, to cut **across**,* etc.). Assez fréquemment, la simple préposition équivalente ne suffit pas en français; il faut y ajouter un mot ou une expression afin de donner à la phrase la clarté, la logique, la puissance et la précision nécessaires. Se rappeler aussi que le français préfère ne pas décrire un substantif par un complément circonstanciel ou lier une suite de mots par des prépositions.

---

48 | AMPLIFICATION EN FRANÇAIS DE LA SIMPLE PRÉPOSITION ANGLAISE

1. Y postposer un infinitif:

- *Elle éprouvait un certain bonheur **à** me **voir** enthousiaste.* She felt a certain happiness **about** my enthusiasm.

- *Le skieur était étonné **de** se **sentir** dans cet état nerveux.* The skier was surprised **at** his state of nervousness.

- *Nous connaissons son désir **de devenir** célèbre.* We know his yearning **for** fame.

2. Y postposer un participe présent, c.-à-d. utiliser un gérondif:

- *L'invité arriva **en espérant** recevoir un accueil chaleureux.* The guest arrived **in anticipation of** a warm welcome.

- *En clignant de l'œil elle lui fait savoir qu'elle le reconnaît.* **With** a wink, she lets him know that she recognizes him.
- *Les femmes peuvent continuer leur discussion tout en prenant leur repas.* The women can continue their discussion **over** dinner.

3. Y antéposer un participe passé. Il s'agit ici de spécifier l'action autant que possible en utilisant une forme verbale devant le groupe de mots introduit par la préposition. L'anglais est plus concis; le français est plus précis:

- *Armé d'un simple bâton, l'enfant affronte le danger qui l'attend.* **With** nothing but a stick, the child faces the danger that awaits him.
- *On aurait pu empêcher la mésentente survenue entre les deux actrices rivales.* The disagreement **between** the two rival actresses could have been avoided.
- *La souris regarde le chat étiré sur le rebord de la fenêtre.* The mouse observes the cat **on** the windowsill.
- *L'officier considère le projet comme un défi quotidien lancé à son intelligence.* The officer views the project as a daily challenge **to** his intelligence.

4. Y postposer un substantif. Ce genre de préposition, la locution prépositive, composée de préposition + substantif + préposition, est très usuel en français, par ex., *à destination de (to), en provenance de (from), de la part de (from), à l'intention de (for), à l'encontre de (against), au prix de (in comparison with):*

- *En guise de chaises on s'est servi de caisses.* **For** chairs, people used boxes.
- *À force d'effort, les marins ont pu redresser le bateau.* **With** effort, the sailors were able to right the boat.
- *La critique compte ce chanteur au nombre des meilleurs de tout temps.* Criticism ranks this singer **among** the finest of all time.

5. Y antéposer une proposition relative. REMARQUE: Ici, et dans d'autres cas, le verbe est nécessaire pour indiquer action, mouvement (physique ou psychique), condition, etc.:

- *L'amitié qui existe entre nous résistera à toutes les épreuves.* The friendship **between** us will pass every test.
- *C'est là un joli sentier qui mène à la mer.* Now, that is a lovely path **to** the sea.
- *Tout le monde éternuait, tellement il y avait de poussière qui flottait dans la chambre.* Everybody sneezed, there was so much dust **in** the room.

6. Y antéposer un adjectif:

- *Fort de sa volonté, l'étudiant a pu réussir à l'examen.* **With** his willpower, the student was able to pass the examination.
- *Le rescapé s'est trouvé, à plus d'un moment, voisin de la mort.* The survivor found himself more than once **at** death's door.

7. Parfois l'amplification de la simple préposition anglaise se fait en français sans préposition aucune, celle-ci étant remplacée par une tournure verbale:

- *La caissière repassera prendre ses affaires vers huit heures.* The cashier will return **for** her belongings around eight o'clock.
- *Voilà où eut lieu le bal d'hier soir.* That is the scene **of** last night's ball.
- *C'est un document comportant de nombreux défauts.* It is a document **with** numerous flaws.

REMARQUE: Pour rendre plus forte l'idée qu'exprimerait un substantif introduit par une préposition, laisser tomber la préposition et faire du substantif le sujet de la phrase. Parfois le procédé entraîne un changement de verbe:

- *Sa persévérance lui valut un avancement (Par sa persévérance elle obtint de l'avancement).* **Through perseverance,** she earned a promotion.
- *La muraille cache un jardin des plus magnifiques qui soient (Derrière la muraille il y a un jardin des plus magnifiques).* **Behind the wall** is one of the most magnificent gardens ever.
- *Le succès de son roman lui a permis de pénétrer les cercles littéraires parisiens (À cause du succès de son roman, elle a pu . . .).* **Thanks to the success** of her novel, she was able to enter Parisian literary circles.

ATTENTION: Lorsqu'en anglais un substantif est lié à deux prépositions différentes, le substantif français suit la première et est remplacé par un pronom après la deuxième:

- *Notre sénateur se montre généreux envers le peuple et il en est aimé.* Our senator is generous **toward** and loved **by** the people.
- *Ces fleurs ont été plantées par les voisins et elles leur appartiennent.* These flowers were planted **by** and belong **to** the neighbors.

49 | PRÉPOSITIONS: REMARQUES DIVERSES

1. *Avec:* Bien qu'en général le complément suive directement la préposition qui l'introduit, on peut parfois intercaler une courte locution entre *avec* et son complément:

- *Voilà la propriété avec,* **par-ci par-là,** *des étangs et des jardins.* There is the property, with ponds and gardens **here and there.**

- *Le prisonnier a fait face à la situation avec,* **dans son for intérieur,** *un vague espoir de surmonter tout obstacle.* The prisoner faced the situation with a lingering **inner** hope of overcoming all obstacles.

*Avec, avant, après, contre, devant, derrière, dessus, dessous, etc: Bien qu'en général la phrase française ne se termine pas par une préposition, il existe cependant des exceptions. REMARQUE: Ces prépositions, suivant un verbe, font fonction d'adverbes:

- *Le garçon attrape le chat pour jouer* **avec.** The boy snatches the cat to play **with it.**

- *Il y a tant d'arbres que l'on se demande ce qui se trouve* **derrière.** There are so many trees that one wonders what is **behind them.**

- *Le charlatan avait attiré toute une foule qui s'était mise* **autour.** The charlatan had attracted a whole crowd, which had gathered **around him.**

2. *D'avec* peut s'employer après certains verbes dénotant la séparation, par ex.:

> *différencier* **d'avec**
>
> *distinguer* **d'avec**
>
> *divorcer* **d'avec**
>
> *séparer* **d'avec**

3. *Contre* (et non *pour*) s'emploie avec les verbes dénotant un échange quelconque:

- *Ce magasin ne vend ses produits que* **contre** *espèces.* This store sells its products **for** cash only.

- *Le consommateur doit souvent payer la marchandise* **contre** *livraison.* The consumer often has to pay for merchandise **on** delivery.

- *On ne peut malheureusement pas échanger un disque* **contre** *un autre.* Unfortunately, you cannot exchange one record **for** another.

4. *Moyennant* dénote aussi bien l'échange (*in exchange for, in return for*) que le moyen et le résultat (*by means of, as a result of*):

- *Le magasin livre à domicile* **moyennant** *paiement de dix francs.* The store provides home delivery **on** payment of ten francs.

- **Moyennant** *une somme d'argent prédéterminée, le faussaire crée des documents sur commande.* **In return for** a predetermined sum of money, forgers create documents on demand.

- *Un patient peut recouvrer la santé **moyennant** quelques simples précautions.* **By means of** a few simple precautions, a patient can regain his health.

5. *Dans* traduit *from, out of,* par ex.:

*boire **dans** un bol*	to drink from a bowl
*découper un article **dans** une revue*	to cut an article out of a magazine
*prendre un objet **dans** un tas*	to take an object from a pile
*tailler **dans** la pierre*	to carve out of stone

ATTENTION: *Dans* est souvent:

A. soit plus fort que *à* et s'emploie avec l'adjectif possessif au lieu de l'article défini:

*avoir un fusil **dans ma** main*	to have a gun in my hand
*avoir un fusil **à la** main*	to have a gun in hand

B. soit plus précis que *à* ou *en* et le substantif qui le suit peut alors être modifié:

***dans la** France moderne*	in modern France
***en** France*	in France
*habiter **dans** Lyon*	to live in Lyon proper, in the heart of Lyon
*habiter **à** Lyon*	to live in Lyon

6. *À même* traduit *from (in, on) the very, from . . . itself, right out of:*

- *Il buvait **à même** la bouteille.* He was drinking **right out of** the bottle.
- *Ces maisons sont construites **à même** le trottoir.* These houses are built **flush with** the sidewalk.
- *Il est déconseillé de porter un chandail en laine **à même** la peau.* Wearing a wool sweater **right next to** the skin is not advisable.
- *Les événements de mai 68 se sont déroulés **à même** les rues du Quartier latin.* The events of May 1968 happened **in the very** streets of the Latin Quarter.
- *Les soldats ont dû s'allonger **à même** le sol boueux.* The soldiers were forced to stretch out **on** the muddy ground **itself.**

7. *De* s'emploie obligatoirement dans les expressions dénotant mesure (espace et temps), prix, âge. REMARQUE: Noter l'emploi du verbe *être, avoir,*

ou *faire* selon la tournure choisie et aussi l'accord et la position de l'adjectif de mesure:

- *La piscine fait huit mètres **de long** (est **longue de** huit mètres).* The swimming pool is eight meters **long.**
- *La pièce fait huit mètres **de long** sur dix mètres **de large** (est **longue de** huit mètres et **large de** dix mètres).* The room is eight meters **long** by ten meters **wide.**
- *C'est une coutume **vieille de** plusieurs décennies.* That custom is several decades **old.**
- *Cette note était **de cinquante francs.*** That was a **fifty-franc** bill.
- *La directrice est **âgée de** vingt ans.* The director is twenty years **old.**
- *Sa sœur a deux ans **de plus que** lui (est **plus âgée que** lui **de** deux ans; est **de** deux années **plus âgée que** lui).* His sister is two years **older than** he.

A. *De* s'emploie obligatoirement avec *combien* et *beaucoup* dans une expression au superlatif ou après un comparatif, mais est facultatif devant un comparatif:

- ***(De) combien** la femme est-elle plus jeune que son mari?* **How much** younger is the wife than her husband?
- *Cette actrice est **de beaucoup** la plus sensible de la troupe.* That actress is **by far** the most sensitive of the company.
- *Ce ministre est **(de) beaucoup** plus puissant que ne l'est le président.* That minister is **considerably** more powerful than the president.

B. *De* s'emploie dans une expression temporelle vague lorsque la phrase est négative. Par ailleurs, *de* équivaut parfois à *depuis* (phrases affirmatives ou négatives):

- ***De sa vie,** le violoniste n'avait jamais connu un moment aussi exaltant.* The violinist had never **in his life** known such a stirring moment.
- *L'éclipse du soleil ne se fera pas **de longtemps.*** The eclipse of the sun will not occur **for a long time.**
- ***Ce n'est pas d'hier** que le public reconnaît le courage de cet homme d'état.* The public has recognized **for some time** the courage of this statesman.
- ***De ce matin,** la romancière se met sérieusement au travail.* The novelist has been seriously at work **since this morning.**

C. *De* s'emploie pour indiquer le passage d'un état temporel, physique ou psychologique à un autre:

- **D**'*adolescent il devint soudain homme mûr.* He suddenly changed **from** an adolescent to a mature man.

- *Les années passent et **de** dame fort élégante, elle se fait singulière-ment disgracieuse.* The years pass and **from** an elegant woman she changes into someone strangely ungraceful.

- *Tout au long de la pièce, l'acteur se transforme **de** créature méchante en personnage aimable.* As the play goes on, the actor is transformed **from** an evil creature to an amiable character.

8. *Durant* a le même sens que *pendant,* tout en soulignant l'idée de durée. Lorsqu'il s'agit d'une expression temporelle précise, *durant* peut suivre le substantif. Toutefois, *ma (sa, notre,* etc.) *vie durant,* bien que vague, est une expression consacrée. ATTENTION: *Durant* étant une préposition et non un adjectif, il n'y a pas d'accord:

>*vingt jours **durant***
>
>*douze années **durant***
>
>*deux siècles **durant***

9. *En* + l'article défini s'emploie idiomatiquement dans certaines expressions figées. ATTENTION: À utiliser prudemment. Par ex.:

en l'air	in the air
en l'absence de	in the absence of
en l'occurrence	under the circumstances, specifically
en la circonstance	under the circumstances
en l'honneur de	in honor of

10. *Par (in, on, during)* s'emploie obligatoirement dans les expressions décrivant le temps, par ex.:

>**par** *un radieux après-midi d'été*
>
>**par** *un soir d'hiver lugubre et glacial*
>
>**par** *ce matin de printemps*
>
>**par** *cette journée pluvieuse*
>
>**par** *un temps pareil*

A. *Par* lie les chiffres lorsque ceux-ci sont employés au sens distributif:

- *L'école oblige les élèves à rentrer **deux par deux.*** The school obliges the students to file in **two by two.**

- *Dès que la nuit tombe, les fenêtres s'éclairent **une par une.*** As soon as night falls, windows light up **one by one.**

REMARQUE: Avec des verbes tels que *monter* et *descendre,* employer *à,* par ex.:

monter **trois à trois**	to climb three steps at a time
enjamber **quatre à quatre**	to leap, stride over four obstacles at a time, to move fast

B. *Par* (et non *pour*) traduit parfois l'idée de raison, moyen ou cause, par ex.:

fameux **par** *son excentricité*	for, due to
renommé **par** *sa grande fortune*	for, on account of
redouté **par** *sa puissante armée*	for, because of
admirable **par** *la qualité*	for
remarquable **par** *son élégance*	for

11. *Pour* traduit parfois *to:*

- *Pour certaines personnes, la solitude est porteuse de pensées réconfortantes.* **To** certain people, solitude brings with it comforting thoughts.

- *Pour un grand artiste, le monde entier est source d'inspiration.* **To** a great artist, the whole world is a source of inspiration.

REMARQUE: Lorsqu'il s'agit d'un adjectif à valeur affective, *envers* s'emploie également:

méchant **envers**	nasty to, toward
mesquin **envers**	mean to, toward

Pour, dans certaines expressions temporelles, dénote la durée ou, au contraire, un instantané au futur ou au présent:

- *Dans la région, le froid s'installe* **pour** *un bon bout de temps.* In the region, cold is settling in **for** a good long while.

- *Elle arrivera à l'Opéra* **pour** *vingt heures.* She will arrive at the Opéra **by** eight o'clock.

- *Pour une fois il ne m'est pas possible de traduire vos documents.* **For** once it is impossible for me to translate your documents.

12. *À* + un substantif + *près* (*except for, with the exception of*) dénote l'idée de manque, d'incomplétude:

- *Le conférencier a répertorié,* **à quelques exceptions près,** *les grands thèmes à étudier.* The lecturer cataloged, **with a few exceptions,** the major themes to study.

- *Certaines peintures cubistes se ressemblent,* **à la forme et aux nuances près** *(se ressemblent,* **ou à peu de chose près***).* Certain cubist paintings resemble one another, **with the exception of form and nuances (with precious little difference).**

13. *Sans* traduit parfois *were it not for, but for:*

- **Sans** *le bruit de chiens aboyant dans la forêt, tout serait calme et beauté.* **Were it not for** dogs barking in the forest, everything would be serene and beautiful.

- *On aurait pu présenter l'opéra dans toute sa splendeur,* **sans** *l'incendie qui a détruit la plupart des costumes.* The opera could have been performed in all its splendor **but for** the fire that destroyed most of the costumes.

14. *À la suite de* dénote temps et lieu; *par suite de* exprime le résultat de quelque chose:

être **à la suite d'***un voleur*	to be in pursuit of a robber
à la suite de *la décision prise*	following the decision
par suite d'*une erreur*	due to an error
par suite de *l'urgence de*	in view of the urgency of

15. *Sur* + un article défini ou un adjectif possessif dans des expressions temporelles approximatives (et surtout prochaines) traduit *toward, about:*

sur *le soir*	toward evening
sur *les cinq heures*	toward five o'clock
tirer **sur** *ses vieux jours*	to be growing old
être **sur** *son départ*	to be about to leave

A. *Sur* traduit également *about, concerning, with respect to:*

- *On a interrogé le directeur* **sur** *ses motifs.* The director was questioned **about** his motives.

- *Ce critique est reconnu comme la grande autorité* **sur** *le roman français moderne.* That critic is recognized as the leading authority **with respect to** the modern French novel.

B. *Sur* (et non *contre*) traduit *against* (un fond quelconque) lorsqu'il s'agit d'une description de contrastes:

- *La chaise d'un rose pâle se détache* **sur** *un fond bleu marine.* The pale pink chair stands out **against** a navy blue background.

- *La tête du nomade se profila avec précision* **sur** *le sable de la colline.* The nomad's head was precisely outlined **against** the sandy hill.

- *Les sapins vert foncé se dessinaient* **sur** *la blanche neige fraîche tombée.* The dark green pines were etched **against** the white, freshly fallen snow.

ATTENTION: Avec *se dresser,* utiliser *contre:*

- *Le village se dresse* **contre** *le flanc de la montagne.* The village rises **against** the mountainside.

16. *Étant donné (given, in view of, considering, taking into account):*

A. Lorsque l'expression précède le substantif, *donné* ne s'accorde en général pas avec ce dernier (de même que les autres participes passés utilisés comme préposition: *attendu, excepté, supposé, vu,* etc.):

- **Étant donné** *les immenses richesses dont il dispose, il est maintenant à même d'aider les siens.* **Given** the enormous wealth at his disposal, he is now in a position to help his family.

B. Lorsque l'expression suit le substantif, il y a accord:

- *Ces circonstances* **étant données,** il importe que les responsables s'acquittent de leur devoir. **In view of** the circumstances, it is imperative that those responsible do their duty.

8 LA CONJONCTION

| PROPOSITIONS SUBORDONNÉES

Préférant la concision et la simplicité, le français opte pour des structures grammaticales correspondantes: phrases courtes et précises qui évitent, de façon générale, la multiplication de propositions subordonnées. Il existe une variété de procédés pour remplacer les conjonctions de subordination; souvent, toutefois, afin d'utiliser ces procédés, il est nécessaire que les propositions (subordonnée et principale) aient le même sujet.

Moyens d'éviter la conjonction de subordination

Les procédés suivants sont applicables à toutes sortes de propositions subordonnées.

1. Utiliser un substantif (d'habitude abstrait):

- *Son **manque** d'égards envers autrui offusque beaucoup de gens (Beaucoup de gens s'offusquent qu'il manque d'égards envers autrui).* His **lack** of consideration toward others offends many people.

- *Que remportent les grévistes par cette **façon** de manifester (lorsqu'ils manifestent ainsi)?* What do strikers gain by demonstrating this **way?**

- *Le metteur en scène exige de ses acteurs un **jeu** parfait (exige que ses acteurs jouent parfaitement).* The director insists on a perfect **performance** from his actors.

2. Utiliser un infinitif. C'est le procédé le plus usuel et le plus commode pour remplacer une construction lourde au subjonctif aussi bien que la conjonction subordonnée:

- *Peu d'écrivains craignent **de passer pour** (craignent qu'on ne les considère comme) des ratés.** Few writers fear **being considered** failures.

- *Ce sociologue donne l'impression d'épiloguer sur la société **sans** cependant rien y **comprendre** (bien qu'il n'y comprenne rien).* This sociologist gives the impression of finding fault with society **without,** however, **understanding** anything about it.

- *Le recteur est là exprès **pour recevoir** (pour qu'on lui rende) un grand honneur.* The vice-chancellor is there expressly **to receive** a great honor.

3. Employer une proposition participe:

- ***Leur travail de recherche terminé** (Lorsque leur travail de recherche est terminé), les savants éprouvent un grand soulagement.* **When their research is finished,** scholars feel greatly relieved.

- ***Installé en Scandinavie** (Une fois que je m'étais installé en Scandinavie), je lui rendais souvent visite pour faire du ski de fond.* **After I had got settled in Scandinavia,** I often visited her to go cross-country skiing.

4. Substituer une forme impérative, interrogative ou exclamative. Le procédé donne un certain élan, une certaine immédiateté:

- ***Poursuivez votre projet** (C'est en poursuivant votre projet que), ce sera une affaire qui rapportera.* **If you go ahead with your project,** it will pay off.

- ***Pourquoi tant se démener pour réussir** (Bien que l'on se démène pour réussir), le vrai bonheur se réalise facilement.* **Why strive so hard to succeed?** True happiness is easily achieved.

- ***Évitez de telles manigances!** Elles ne mènent qu'aux petits désastres (C'est par de telles manigances qu'on est amené aux petits désastres)!* **Such intrigues are to be avoided,** for they only lead to minor disasters!

---

51 | PROPOSITION SUBORDONNÉE COMPLÉMENT D'OBJET DIRECT

La proposition subordonnée complément d'objet direct, introduite par *que* après un verbe d'opinion ou de constatation (*croire, penser, dire, prétendre,* etc.), peut être remplacée moyennant plusieurs procédés.

1. Remplacer la proposition principale par une préposition + un substantif (ou un pronom):

- ***D'après (Selon) le dire*** *des psychiatres, (Les psychiatres disent que)* *l'être humain est essentiellement stable.* **According to** psychiatrists' assertions, human beings are essentially stable.

- ***Dans la pensée*** *du médecin, (Le médecin pense que) le patient est* *actuellement hors de danger.* **In the** doctor's **mind,** the patient is now out of danger.

- *Il existe,* ***d'après eux*** *(Ils croient qu'il existe), une possibilité de paix* *permanente.* There exists, **in their judgment,** the possibility of a lasting peace.

2. Remplacer les deux verbes (ceux de la proposition principale et de la subordonnée) par un seul verbe, lorsque le sens le permet:

- *Notre professeur nous* ***souhaite*** *une grande réussite aux examens* *(Notre professeur espère que nous réussirons aux examens).* Our professor **wishes** us great success in our examinations.

- *Les autorités médicales de la ville* ***décèlent*** *déjà (montrent qu'il y* *a déjà) certains signes de guérison.* The city's medical authorities already **point to** certain signs of a cure.

- *Son frère* ***le dit*** *génial (Son frère pense que c'est un génie).* His brother **thinks that he is** a genius.

3. Utiliser une tournure à l'infinitif, pourvu que les deux propositions aient le même sujet:

- *La compagnie ne croyait pas* ***devoir*** *(ne croyait pas qu'elle devait)* *dépenser autant d'argent pour le matériel nécessaire à la fabrica-* *tion.* The company did not expect **to have to** spend so much money for the stock necessary for the manufacturing process.

- *Le maire admet* ***ne pas avoir consulté*** *(admet qu'il n'a pas consulté)* *le conseil municipal.* The mayor admits **that he did not consult** the city council.

REMARQUE: Lorsque les deux sujets ne sont pas les mêmes, on peut cependant rendre la phrase plus concise en supprimant la conjonction et le verbe *être* devant un adjectif, si le cas le permet:

- *J'imagine l'île Maurice (J'imagine que l'île Maurice est)* ***resplen-*** ***dissante*** *de couleurs et de parfums.* I imagine that Mauritius is **glo-** **rious** with colors and fragrances.

4. Lorsque la proposition subordonnée se compose d'un pronom sujet + *être* + un attribut, remplacer la conjonction subordonnée en faisant du pronom sujet le pronom objet du verbe principal (avec ou sans changement de verbe):

- *Pour s'évader du pays, elle **se fait passer pour** (elle dit qu'elle est) française.* To escape the country, she **passes herself off** as French.

- *On **vous considère** (On considère que vous êtes) oppresseur.* People **consider you** tyrannical.

5. Utiliser une tournure selon laquelle le sujet de la proposition subordonnée devient l'objet indirect d'un des verbes précédents. Une telle formule sert à souligner un trait particulier chez le sujet, ou une situation dans laquelle il est impliqué, ou encore l'avantage ou le désavantage qui peut être sien:

- *Le peuple ne **lui** savait pas (ne savait pas qu'elle avait) tant de vertus.* The people did not know that **she** had so many virtues.

- *Son mode de vie m'a fait supposer **à ce monsieur** (m'a fait supposer que ce monsieur avait) une assez grande fortune.* I suspected from **that gentleman's** lifestyle that he possessed a rather large fortune.

- *Pour l'analyser, il **nous** a fallu beaucoup travailler (il a fallu que nous travaillions beaucoup) ce texte en prose.* In order to analyze this prose text, **we** had to work on it a great deal.

52 | PROPOSITION TEMPORELLE

Se rappeler que les moyens indiqués pour éviter diverses sortes de conjonctions de subordination ne sont que des procédés *possibles* et ne doivent en aucun cas être appliqués pour éliminer systématiquement toute proposition subordonnée. *Le styliste se sert de toutes les techniques à sa disposition, mais avec une virtuosité réfléchie.*

1. Lorsque l'action de la proposition subordonnée précède celle de la proposition principale, remplacer la subordonnée (introduite par *lorsque, quand, après que, aussitôt que, dès que, une fois que,* etc.) par une proposition participe temporelle, elliptique ou non. Remarque: C'est le contexte de la phrase qui détermine la temporalité dans ce type de construction, et donc le temps du verbe si la traduction se fait du français vers l'anglais:

- ***Une fois établie,** sa fortune fut vite perdue à la bourse.* **Once it was made,** her fortune was quickly lost on the stock market.

- ***Aussitôt terminée,** la sonate fit la renommée de son compositeur.* **As soon as it was completed,** the sonata assured its composer's renown.

- *Sa responsabilité assumée (Après qu'il a assumé sa responsabilité), le gouverneur se lance dans son travail.* **After assuming his responsibility,** the governor launches into his work.

- *Le nouveau chef d'orchestre arrivé (Dès que le nouveau chef d'orchestre fut arrivé), la prestation des musiciens devint exemplaire.* **As soon as the new orchestra conductor had arrived,** the musicians' performance became exemplary.

- *Les préparatifs terminés (Une fois que nous aurons terminé les préparatifs), nous pourrons enfin partir en voyage.* **Once the preparations are over and done with,** we will at last be able to leave on our trip.

- *Cela oublié (Lorsqu'il eut oublié cela), le public put apprécier les réelles qualités du journaliste.* **Once it had forgotten that,** the public could appreciate the journalist's true merits.

2. Utiliser une préposition + un substantif au lieu d'une proposition subordonnée temporelle:

- *Après la déclaration de paix, les peuples manifestèrent leur joie et leur bonheur.* **After peace had been declared,** the nations showed their joy and happiness.

- *Au toucher du doigt (Lorsqu'on le touche du doigt), le vieux tissu s'effiloche.* **The touch of a finger** frays the old fabric.

- *Lors des premières répétitions mêmes (Lorsqu'on assista aux toutes premières répétitions), on se sentit en présence d'un grand chef-d'œuvre théâtral.* **From the very first rehearsals,** you felt you were experiencing a great theatrical masterpiece.

3. Employer une construction à l'infinitif: préposition ou locution prépositive + infinitif; par ex., *après* + passé de l'infinitif au lieu de *après que* (pourvu que les deux propositions aient le même sujet); *avant de* + infinitif au lieu de *avant que* + verbe au subjonctif (pourvu que les deux propositions aient le même sujet):

- *Sur le point de se réconcilier avec son mari, la femme eut une illumination qui la transporta de joie.* **As she was on the verge of reconciling** with her husband, the woman had an insight that overjoyed her.

- *Après s'être prêté à un compromis nettement suspect, le jeune homme y renonça pour des raisons de droit.* **After he had consented** to a clearly suspicious compromise, the young man renounced it on legal grounds.

- *L'avocat décide d'enquêter sur l'affaire avant de défendre l'accusé.* The lawyer decides to inquire into the case **before he defends** the accused.

4. Utiliser le participe présent ou le gérondif:

- *Faisant (Une fois qu'il fait)* **une brèche dans** *un mur, le prisonnier s'évade inaperçu dans la nuit.* **Breaking through** a wall, the prisoner escapes unnoticed in the night.

- *En se remémorant (Lorsqu'elles se remémorent) d'anciennes rivalités, les deux familles déclenchent une tragédie irréversible.* **In raking up** old rivalries, the two families unleash an irreversible tragedy.

5. Employer, parfois, un adjectif ou un substantif en apposition:

- *Les pauvres,* **libérés,** *pourront enfin jouir du bien de la patrie.* The poor, **once they are liberated,** will at last be able to benefit from the public good.

- *Green,* **vieillard,** *écrivit le tome le plus touchant de son autobiographie.* Green, **when he was an old man,** wrote the most touching volume of his autobiography.

---

53 | PROPOSITION CONDITIONNELLE

Quelques procédés simples permettent d'éviter la proposition conditionnelle introduite par *si.*

1. Employer *à* + un infinitif lorsqu'il s'agit de donner à entendre la raison d'une constatation quelconque, ou les moyens expliquant un certain jugement:

- *À en juger par ses gestes étranges, le chanteur semblait profondément ému.* **If you judged** by his strange gestures, the singer seemed to be profoundly moved.

- *À l'entendre raconter l'histoire, on croirait qu'elle avait été elle-même présente.* **If you heard her** tell the story, you would think that she had been present herself.

- *À le rencontrer par hasard dans la rue, vous diriez un orphelin délaissé.* **If you met him** by chance in the street, you would think him a friendless orphan.

  REMARQUE: La construction traduit parfois *because, when, upon. Rien que* sert à renforcer le sens de l'énoncé:

- *(Rien qu') à soupçonner la présence d'un insecte, l'enfant sursaute de peur.* **If he suspects** (**Just because he suspects**) that there might be an insect present, the child jumps in fear.

- **À contempler** *l'unique beauté du tableau, l'amateur d'art reconnaît l'immense travail que cela représente.* **Upon contemplating** the unique beauty of the painting, the art lover recognizes the inordinate amount of work it represents.

2. Utiliser l'inversion:

   - **Mon père voulait-il** *se retirer dans sa chambre, c'était inévitable, ses enfants affluaient autour de lui.* **If my father wanted** to retire to his room, inevitably his children flocked around him.

   - **Se proposerait-elle** *comme candidate, on l'accepterait.* **If she were to step forward** as a candidate, she would be accepted.

3. Employer une forme verbale à l'impératif:

   - **Suivez** *cette route, vous vous retrouverez près des falaises.* **If you follow** this route, you will end up near the cliffs.

   - **Que l'enfant commence** *à pleurer, le père et la mère lui donneront toute leur attention.* **If the child begins** to cry, the father and mother will give him their full attention.

4. *Sans, n'était, n'eût été* (*were it not for, but for*) peuvent remplacer *si*. Le sens de la phrase détermine le temps de la proposition subordonnée:

   - **Sans (N'était)** *l'ardent dévouement de son ami, cet homme serait une personne tout autre.* **Were it not for (Without)** his friend's ardent devotion, that man would be an altogether different person.

   - **Sans (N'eût été)** *l'appui des marchés financiers internationaux, le dollar américain aurait rechuté.* **Had it not been for** the help of the international money markets, the American dollar would have tumbled once again.

5. Un adjectif ou un substantif en apposition remplace une proposition conditionnelle:

   - **Plus petite et plus économique,** *cette voiture nous intéresserait.* **If it were smaller and more economical,** this car would interest us.

   - **Chef d'orchestre,** *j'aurais été indiscutablement légendaire.* **Had I been an orchestra conductor,** I would indubitably have been a legendary one.

6. Employer, parfois, un participe présent:

   - *Cette jeune femme est une vraie beauté; la plupart des hommes, la* **croisant** *dans la rue, seraient frappés d'admiration.* That young woman is remarkably beautiful; most men, **if they passed** her on the street, would be overcome with admiration.

7. Deux propositions à l'infinitif liées par *c'est* (*c'était, ce serait,* etc.) peuvent parfois composer une phrase conditionnelle:

- *Se promener tôt le matin dans ce parc, c'est connaître un calme profond.* **If you walk** in this park early in the morning, **you feel** a profound sense of peace.

8. Une préposition ou locution prépositive, par ex., *moyennant, en cas de, faute de* + un substantif, ou *à condition de* + un infinitif, fournissent également une variante à la proposition introduite par *si:*

- *Moyennant une vente importante au Japon, la firme éviterait la faillite.* **If the firm were to make an important sale in Japan,** it would avoid going bankrupt.

- *En cas d'incendie, manifestez votre présence à la fenêtre.* **If there is a fire,** go to the window and make your presence known.

- *Faute de vêtements convenables, on ne vous permet pas d'entrer à l'opéra.* **If you are not wearing appropriate clothes,** you are not allowed into the opera house.

- *À condition de tout bien ranger dans sa chambre, l'enfant sera pardonné.* **If the child puts his room in order,** he will be forgiven.

---

54 | PROPOSITION CONCESSIVE

1. Lorsqu'il y a une phrase concessive introduite par *si* + un verbe à l'imparfait ou au plus-que-parfait, ou par *alors (même) que, quand (même)* + un verbe au conditionnel ou au passé du conditionnel, refaire la phrase en deux propositions au conditionnel présent ou passé liées ou non par *que* facultatif. REMARQUE: La première proposition peut être à la forme interrogative:

- *La maison se serait effondrée que l'ouvrier en aurait été tout à fait inconscient.* **If the house had collapsed, the workman would have been** completely unaware of it.

- *Le livre aurait été sans titre (Alors même que le livre aurait été sans titre), l'étudiante aurait néanmoins reconnu son auteur.* **If the book had been missing** its title, **the student would have recognized** its author nonetheless.

- *Serait-il le plus généreux des hommes que ses employés se méfieraient de lui.* **Even if he were** the most generous of men, **his employees would be wary** of him.

2. *Quitte à* ou *sauf à* + un infinitif dénote dans la proposition subordonnée ce qui pourrait ou aurait pu être un obstacle ou un empêchement à l'action du verbe dans la proposition principale. REMARQUE: *Quitte* et *sauf,* adjectifs employés ici adverbialement, sont invariables:

- *Les citoyens psalmodiaient leurs chants révolutionnaires, **quitte à être fusillés** par les soldats de la république.* The citizens intoned their revolutionary songs **even though they risked being shot down** by soldiers of the republic.

- *Il désire être inconnu sur terre, **sauf à se plonger** dans une piètre solitude.* He wants to be unknown in the world **even if he must wallow** in paltry solitude.

- *Le chœur doit chanter ce soir, **quitte à faire échouer** le concert en raison du nombre insuffisant de répétitions.* The choir must sing this evening, **at the risk of ruining** the concert due to an insufficient number of rehearsals.

ATTENTION: *Quitte à* et *sauf à* peuvent s'employer au sens exactement contraire, c.-à-d. que l'infinitif de la proposition subordonnée exprime ce qui n'a justement *pas* empêché l'action du verbe dans la principale. C'est le contexte qui détermine le sens si la traduction se fait du français vers l'anglais:

- *Je renonce à l'enseignement, **quitte à le reprendre** d'ici quelques années.* I am giving up teaching, **but I may take it up again (which does not prevent me from taking it up again)** a few years from now.

- *Certaines gens offrent des cadeaux, **quitte à regretter** le geste par la suite.* Certain people give gifts **only to regret** the gesture afterward.

- *La compagnie propose davantage de bénéfices, **sauf à obtenir** un rendement plus élevé de ses ouvriers.* The company offers more benefits, **with the understanding that it obtain** a greater output from its workers.

3. *Pour* + le présent ou le passé de l'infinitif remplace *quoique* ou *bien que* + un verbe au subjonctif lorsque les deux propositions ont le même sujet:

- *Ce bâtiment, **pour être calqué** sur un théatre de Palladio, n'en est pas moins ravissant par sa parfaite symétrie.* **Although copied** from a theater of Palladio, this building is not any less impressive in its perfect symmetry.

- ***Pour avoir passé** deux ans en France, cet étudiant ne possède pas une connaissance approfondie du pays.* **Although** that student **spent** two years in France, he does not possess a thorough knowledge of the country.

4. *Sans* + un infinitif au présent ou au passé rend de façon concise une proposition concessive négative:

- *Cet orateur, **sans émouvoir** (bien qu'il n'émeuve pas) les masses, est doué d'un charisme lumineux.* This orator, **though he may not** (does not) **move** the masses, possesses a radiant charisma.

- *Les enfants, **sans jamais avoir étudié** (quoiqu'ils n'aient jamais étudié) une langue étrangère, la parlent à merveille.* Children, **even if they have never studied** a foreign language, speak it admirably.

5. Employer une simple apposition (substantif en apposition ou épithète détachée):

- ***Véridique ou mensongère,** la religion persiste à remuer la fascination des gens.* **Be it veracious or mendacious,** religion persists in stirring people's fascination.

- ***Reine,** elle plaît par sa simplicité.* **Although she is a queen,** people like her because of her unaffectedness.

6. Utiliser l'expression idiomatique *avoir beau* + un infinitif, suivie d'une autre proposition exprimant le fait qui demeure vrai ou inévitable malgré l'action contenue dans la proposition concessive:

- ***Le souffleur a beau essayer** d'aider la pauvre actrice, elle rate toutes ses répliques.* **Although the prompter tries** to help the poor actress, she misses every cue.

- ***Certains partis politiques ont beau prôner** les centrales nucléaires, ils ne réussissent pas à convaincre le public.* **Although certain political parties advocate** nuclear power plants, they fail to convince the public.

7. *Tout en* + un participe présent a parfois un sens concessif:

- *Le jeune marié, **tout en ne travaillant que** vingt heures par semaine, arrivait à s'enrichir.* **Although** the newly married man **worked only** twenty hours a week, he managed to get rich.

- ***Tout en connaissant** davantage les pays du monde, un aventurier s'isolera de plus en plus des êtres humains.* **Although** he **will come to know** the countries of the world better, an adventurer will isolate himself more and more from human beings.

8. Employer une préposition (par ex., *en dépit de, malgré*) + un substantif:

- ***En dépit de toute sa bonne volonté** (Bien qu'elle ne fît preuve que de bonne volonté), elle se formalisa de ce qu'on ne l'eût pas invitée.* **In spite of all her goodwill,** she took offense at not having been invited.

- **Malgré sa dévotion foncière** *(Pour foncière que fût sa dévotion)*, *elle ne pouvait s'empêcher de douter de l'existence de Dieu.* **Despite her deep-seated devoutness,** she could not help but have doubts about the existence of God.

9. Faire d'une proposition concessive la proposition principale en laissant tomber la conjonction concessive, et introduire l'autre proposition de la phrase par *(et, mais) cependant, (et, mais) pourtant, (et, mais) néanmoins, (et, mais) toutefois:*

- *L'ancien comédien se croyait le futur président,* **(mais) pourtant** *il n'a même pas osé se porter candidat à l'élection.* **Although** the former actor fancied himself to be the future president, he **nevertheless** did not even dare run for office.

- *Cette romancière se proclame unie au cosmos,* **(et) toutefois** *elle refuse la ville technologique moderne.* **Although** this novelist proclaims herself to be one with the universe, she **nonetheless** rejects the modern technological city.

55 | PROPOSITION CAUSALE

1. Employer *pour* + le passé de l'infinitif lorsque les deux propositions ont le même sujet et que la proposition subordonnée dénote un fait ou une action antérieure à celui ou celle de la principale. REMARQUE: *Rien que* sert à renforcer le sens de l'énoncé:

- *Mélomane, elle connaît tous les opéras par cœur* **pour les avoir entendus** *tant de fois sur disque.* A music lover, she knows all operas by heart **because she has heard them** so often on records.

- *Le prince est mal vu de son peuple* **pour avoir épousé** *la fille d'un riche bourgeois.* The prince is not well regarded by his people **because he married** the daughter of a rich bourgeois.

2. Employer *de* + un infinitif, lorsqu'il s'agit de donner à entendre la raison d'une constatation quelconque ou les moyens expliquant un certain jugement. *Rien que* renforce le sens de l'énoncé:

- **De lui découvrir** *les deux cicatrices aux mains, j'en restais stupéfaite.* I was stupefied **upon perceiving** the two scars on his hands.

- *Le physicien se réjouit* **rien que de songer** *(parce qu'il songe) aux possibilités de son invention.* The physicist rejoices **at the mere thought** of the possibilities of his invention.

3. Utiliser le participe présent. ATTENTION: Le verbe de la tournure est à temps multiples possibles, le temps précis étant déterminé par le contexte et par le temps du verbe de la proposition principale:

- *Le dentiste refuse la fréquentation de ses clients, les **considérant** grossiers.* The dentist refuses to see his patients socially **because he considers** them vulgar.

- *Ces acheteurs, **étant** à la recherche de soldes, se précipitèrent au comptoir des vieux livres.* **Being** on the lookout for bargains, these buyers hurried to the old books counter.

4. Un simple adjectif ou substantif en apposition (modifié ou non par un adjectif) peut avoir un sens causal. REMARQUE: Selon les besoins du style (poids, rythme, équilibre de la phrase, etc.), *comme* ou *que* + un pronom personnel + *être* s'ajoute au substantif ou à l'adjectif:

- ***Grands amateurs de jazz,*** *les instrumentistes organisèrent un voyage à la Nouvelle-Orléans.* **Because they were great jazz fans,** the instrumentalists organized a trip to New Orleans.

- ***Famille de souche aristocratique (qu'elle est),*** *elle dédaigne de s'allier aux récents mouvements sociaux du pays.* **Because it is a family of aristocratic heritage,** it does not deign to side with recent social movements of the country.

- *L'orateur, **trop exalté qu'il est de nature,** faillit aliéner même ses plus proches disciples.* **Since he is by nature too impassioned,** the orator almost alienated even his closest disciples.

- ***Dévote qu'était la vieille dame,*** *il ne fallait pas lui faire voir un film pornographique.* **Devout as the old woman was,** it was unthinkable to show her a pornographic film.

5. Employer une locution prépositive suivie d'un infinitif:

- ***Par crainte de déplaire*** *à ses clients, la maison leur permet d'acheter à terme.* **Because it fears the displeasure** of its customers, the firm allows them to buy on credit.

- ***Du fait de s'être créé*** *de nouveaux débouchés où vendre ses produits de beauté, la firme est connue de tout le monde.* **Because it created** new markets in which to sell its beauty products, the firm is known by everyone.

56 | PROPOSITION CONSÉCUTIVE

1. À + un infinitif traduit parfois l'idée de suite:

- *Le vieillard racontait des histoires **à vous faire crever** (qui pouvaient vous faire crever) **de rire.*** The old man recounted stories so funny **that they could make you split your sides with laughter.**

- *La rivière est puissante **à en sortir de son lit** (est tellement puissante qu'elle pourrait sortir de son lit).* The river is so strong **that it could overflow its banks.**

- *Les coureurs sont recrus de fatigue **à n'en plus pouvoir tenir debout** (sont tellement recrus de fatigue qu'ils ne peuvent plus tenir debout).* The runners are so exhausted **that they can no longer stand up.**

REMARQUE: On utilise pareillement *à* + un infinitif après *être de* + un substantif sans article:

- *Les enfants de chœur doivent écouter soigneusement car le maître de chapelle **n'est pas de nature à tergiverser** (n'est pas d'une telle nature qu'il tergiverserait) sur l'interprétation voulue d'une œuvre.* The choirboys need to listen carefully, for the choirmaster **is not the sort to equivocate** about the desired interpretation of a work.

- *La fille **est de taille à se défendre** (est d'une taille telle qu'elle peut se défendre) si besoin est.* The girl **is strong enough to defend herself** if need be.

2. Employer *jusqu'à* + un substantif ou un infinitif, (*jusqu'*) *au point de* + un infinitif, ou *assez . . . pour* + un infinitif pour remplacer la conjonction subordonnée:

- *Chez cet auteur, le style est travaillé **jusqu'à l'absurdité** (est si travaillé que cela devient absurde).* The style in that author's work is **so** elaborate **that it becomes absurd.**

- *Le temps avait été propice **au point de faire mûrir** toutes les vignes juste à l'époque des vendanges.* The weather had been **so** good **that** all the vines **ripened** right at harvest time.

- *Les mesures prises ont été **assez** opportunes **pour permettre** l'ouverture normale de l'université (assez opportunes pour que l'université puisse ouvrir normalement).* The measures taken were timely **enough to allow** the university's normal opening.

3. Faire de la proposition consécutive la proposition principale, placée au début de la phrase, et introduire la deuxième proposition par *tant:*

- ***Les négociateurs ont pu vite conclure le traité tant** ils avaient mis la question au point (Les négociateurs avaient tellement mis la question au point qu'ils ont pu vite conclure le traité).* The negotiators had **so** narrowed the question down to its essentials **that they were quickly able to conclude the treaty.**

- ***Les employés peuvent profiter des sports d'hiver tant** ils ont d'heures libres au cours de la semaine.* The employees have **so** much free time during the week **that they can take advantage of winter sports.**

---

57 | CONJONCTIONS: REMARQUES DIVERSES

---

1. *Although* se traduit parfois par *quelque . . . que* ou *pour . . . que* + un verbe au subjonctif, ou par *si . . . que* ou *tout . . . que* + un verbe à l'indicatif ou au subjonctif:

- ***Quelqu'admirables (Si admirables) que soient certains poèmes particuliers,*** *le recueil même manque d'ampleur.* **Although certain specific poems are admirable,** the collection itself is somewhat slim.

- ***Pour splendide que soit la faïence de Quimper,*** *elle se vend peu hors de la France.* **As splendid as Quimper earthenware might be,** little of it is sold outside France.

- ***Si fine que soit (Si fine qu'est) l'ironie,*** *elle demeure néanmoins mordante.* **As subtle as the irony might be (is),** it remains caustic nonetheless.

- ***Tout honnête qu'elle est (qu'elle soit),*** *elle ment parfois pour faire plaisir à ses amis.* **Although she is honest (Honest though she may be),** she sometimes lies to please her friends.

  REMARQUE: *If but, if only, if at all, just by,* etc. se traduisent par *pour peu que* + un verbe au subjonctif:

- ***Pour peu que*** *les pionniers du Far West* ***eussent hésité,*** *ils étaient perdus.* **If** the pioneers of the Wild West **had hesitated even slightly,** they would have been lost.

- *Nos vieux manuscrits sur parchemin, tellement délicats, s'émiettent* ***pour peu qu'on les touche.*** Our old parchment manuscripts, so delicate, crumble **at a mere touch.**

A. *Sans que* + un verbe au subjonctif traduit *although:*

- *La question revient maintes fois en discussion* **sans** *toutefois* **qu'**elle *ait pour nous le moindre intérêt.* The question comes up time and again for debate, **although** it does not interest us in the slightest.

- ***Sans que*** *la fille s'en rende compte, elle fait acte de charité en écrivant à sa mère de temps à autre.* **Although** the daughter does not realize it, she is performing an act of charity by writing to her mother now and then.

B. Rendre *although* par deux propositions liées par *que:*

- *Les locataires auraient désiré emménager* **que** *leur appartement ne se trouvait pas encore disponible.* **Although** the tenants might have wanted to move in, their apartment was still not available.

2. Traduire *until* par nombre d'expressions variées autres que *jusqu'à ce que,* par ex.:

- ***Tant qu'***on n'a pas établi la culpabilité d'un accusé, il est innocent.* **Until** an accused person has been proved guilty, he is innocent.
- *Les voyageurs regardèrent le soleil **jusqu'au moment où** il disparut dans les nuages.* The travelers looked at the sun **until** it disappeared into the clouds.
- ***En attendant de** pouvoir amender les conditions du travail, le gouvernement tâche de résoudre la crise du logement.* **Until** it can improve work conditions, the government is attempting to solve the housing crisis.
- *Le navire vogua **jusqu'à** ne paraître qu'un point à l'horizon.* The ship sailed away **until** it looked like a mere speck on the horizon.

REMARQUE: *Not until* se traduit par *ne . . . pas . . . avant de* + un infinitif, *ne . . . pas . . . avant que* + un verbe au subjonctif, *ne . . . que lorsque* + un verbe à l'indicatif:

- *Le professeur **ne** quitte **pas** son bureau **avant d'**avoir terminé ses corrections.* Teachers do **not** leave their offices **until** they finish correcting papers.
- *Le facteur **ne** livrera **pas** votre courrier **avant que** vous n'ayez votre propre boîte aux lettres.* The postman will **not** deliver your mail **until** you have your own mailbox.
- *Les grèves **ne** cesseront **que lorsque** les ouvriers auront réalisé des progrès significatifs.* The strikes will **not** cease **until** workers have realized significant progress.

3. La conjonction *aussi* = *consequently, therefore, so* (*la vie est chère, aussi devons-nous économiser*). Donc, ne pas traduire *and* (ou *also, furthermore*) par *aussi* en début de phrase ou de proposition, mais par une expression telle que *d'ailleurs, du reste, en plus, de plus, d'autre part, en outre:*

- *Le gazon est à tondre. **En plus,** le champ a besoin d'être sarclé.* The lawn has to be mowed. **Also,** the field needs weeding.
- *Les émissions radiophoniques laissent beaucoup à désirer; **d'ailleurs,** celles que l'on présente à la télévision ne sont pas de première qualité non plus.* Radio programs leave much to be desired, **and** television shows are not first-rate either.

4. *Nor* et *neither* en début de phrase se traduisent également par *d'ailleurs, du reste,* etc. + un verbe à la forme négative, ou par (*et . . .*) *ne . . . pas davantage*, (*et . . .*) *ne . . . pas non plus:*

- *Le livre **n'**avait **du reste** rien à voir avec l'affaire Hautier.* **Nor (Neither)** did the book have anything to do with the Hautier affair.
- *Le gouvernement se voit impuissant à exiger le contrôle postal. **Et** il **ne** peut **pas davantage (non plus)** censurer la presse.* The government finds itself powerless to impose postal censorship. **Nor (Neither)** can it censor the press.

9 | L'ORDRE DES MOTS

---

58 | POSITION DE L'OBJET

---

1. Sauf dans les phrases introduites par un adjectif interrogatif, le substantif objet en français ne peut pas, comme en anglais, précéder le verbe (par ex., *Certain facts we refuse to admit*). Plusieurs procédés permettent toutefois d'antéposer le substantif objet afin de répondre à diverses exigences stylistiques.

    A. Répéter le substantif objet moyennant un pronom correspondant:

- *Certains faits, nous refusons de les admettre.* **Certain facts** we refuse to admit.

    B. En faire le sujet dans une construction au passif:

- *Cette façon de jouer n'est plus tolérée par le public; elle est même risible.* **This style of acting** is no longer tolerated by the public; indeed, it is ludicrous.

    C. Utiliser *c'est . . . que,* surtout lorsqu'il est question de faire valoir l'objet ou de faire contraste:

- *Ce fut une véritable fortune que gagna ma meilleure amie.* **It was a veritable fortune that** my best friend won.

- *Ce sont les aquarelles et non les pastels de cet artiste qu'apprécient les critiques d'art.* Art critics admire this artist's **watercolors,** not his pastels.

    REMARQUE: Quelques expressions figées ont conservé l'ancienne position de l'objet précédant le verbe, par ex.:

        *à son **corps** défendant*   in self-defense, under duress, under protest

chemin faisant	on the way
geler à pierre fendre	to freeze hard
sans coup férir	without striking a blow, without firing a shot
sans mot dire	without (saying) a word

2. Un pronom objet atone lié à un infinitif précède en général l'infinitif; si cependant l'infinitif même est précédé de *faire, laisser, entendre, sentir, voir,* ou un autre verbe de perception, le pronom objet précède le verbe et non l'infinitif:

il veut l'entendre	MAIS	*il l'entend chanter*
il tient à le faire	MAIS	*il le fait finir*
il aurait dû les laisser	MAIS	*il les laissait venir*
il ira la voir	MAIS	*il la verra coudre*

3. Lorsque le verbe factitif *faire* précède un infinitif, le substantif objet suit obligatoirement l'infinitif:

- *Les urbanistes font reconstruire **des quartiers entiers**.* City planners have **entire neighborhoods** rebuilt.

- *Le gouvernement a fait transporter par avion tous **les médicaments** nécessaires aux victimes.* The government airlifted all **the medicine** needed by the victims.

4. Lorsque *laisser, entendre, sentir, voir,* etc. précèdent un infinitif, le substantif suit obligatoirement l'infinitif s'il en est l'objet; s'il en est le sujet, il peut soit suivre soit précéder l'infinitif:

- *Les voyageurs entendent fredonner **une mélodie verdienne**.* The travelers hear **a Verdian melody** being hummed.

- *Les voyageurs entendent fredonner **un baryton** (entendent **un baryton** fredonner).* The travelers hear **a baritone** humming.

REMARQUE: En général, c'est le substantif qui suit l'infinitif:

- *Les voiliers ralentissent pour laisser passer **les chalutiers**.* The sailboats slacken speed to let **the trawlers** go by.

- *Les enfants virent s'approcher **tous les clowns** du cirque.* The children saw **all the** circus **clowns** approaching.

ATTENTION: Pour diverses raisons stylistiques, c'est cependant l'infinitif qui suit le substantif. Par ex., pour permettre à l'infinitif de précéder directement un adverbe, un complément circonstanciel ou un objet direct, ou encore pour éviter une ambiguïté possible lorsque l'infinitif est un verbe transitif:

- *Les touristes observent **l'artisan travailler** avec un soin extrême.*
  The tourists observe **the artisan working** with extreme care.
- *Ce n'est que le montagnard qui sent **la terre remuer** au printemps.*
  Only mountaineers can feel **the earth stirring** in the spring.
- *On entend **l'enfant appeler.*** You can hear **the child calling.** (*On
  entend **appeler l'enfant*** = You can hear **the child calling** *ou* You
  can hear **the child being called.**)

5. En général, l'objet direct précède l'objet indirect, sauf lorsque l'objet
indirect est sensiblement plus court, ou que l'objet direct a un complément
(notamment une proposition relative). Il importe aussi de déterminer la
force relative que l'on veut accorder à chacun des deux objets:

- *L'avocat remit tous les fonds **à la fille.*** The lawyer entrusted all the
  money **to the daughter.**
- *L'avocat remit **à l'aîné** les fonds qui auraient dû être partagés entre
  plusieurs frères et sœurs.* The lawyer entrusted **to the eldest** the
  money that should have been shared among several brothers and
  sisters.
- *Roland ajoutait à sa prouesse exemplaire **une fierté démesurée.***
  Roland combined his exemplary valor with **inordinate pride.**

6. Un complément indirect peut précéder le verbe, un complément exprimant l'appartenance précéder le substantif auquel il est lié, selon les
exigences de clarté, d'harmonie, d'équilibre rythmique et selon l'importance
relative accordée aux divers éléments de la phrase:

- ***Aux vaines aspirations** du curé se mêle une foi indomptable en
  l'homme.* The priest's **vain aspirations** are mixed with an indomi-
  table faith in man.
- *L'univers de la pièce est tel qu'**à plusieurs personnages faibles**
  s'oppose par nécessité un personnage fort.* The world of the play is
  such that **several weak characters** are necessarily set against one
  strong character.
- *L'enfant montrait déjà **de la peinture** une appréciation remarquable et fine.* The child already showed himself a remarkably discrim-
  inating judge **of painting.**

---

59 | POSITION DE L'ADVERBE
       ET DU COMPLÉMENT CIRCONSTANCIEL

L'adverbe et le complément circonstanciel font preuve d'une telle
flexibilité en ce qui concerne leur position que les facteurs déterminants

seront de nécessité le contexte, l'équilibre, le rythme, et l'importance et la force relatives à accorder aux divers éléments de la phrase. De façon très générale, la phrase française se hiérarchise ainsi: les unités plus courtes précèdent les unités plus longues; les compléments de temps précèdent les compléments de lieu qui sont, eux, suivis par les expressions de manière ou d'action:

- *Par un soir de printemps dans le village encore ensommeillé sous l'effet de l'hiver, la fête éclata.* One spring evening, the village, still sleepy from winter, burst out in celebration.

- *À cinq heures, la marquise, couverte de pierreries, sortit rejoindre le beau monde parisien.* At five o'clock the marquise, bedecked in jewels, left to join the beautiful people of Paris.

- *Aveuglé par la blanche lumière de midi qui brûle les sables de Tipasa, un être solitaire rôde en quête d'aventure.* Blinded by the white light of noonday that scorches the sands of Tipasa, a solitary figure roams in search of adventure.

Les genres d'adverbes indiqués ci-dessous précèdent généralement un infinitif ou un participe passé. ATTENTION: Cette position est toutefois loin d'être obligatoire:

1. Adverbes de quantité:

- *La speakerine a **tant** préparé son discours qu'elle a pu le prononcer de mémoire.* The speaker prepared the speech **so thoroughly** that she was able to say it from memory.

- *L'équipe a **beaucoup** peiné et, heureusement, a **bien** réussi.* The team labored **very hard** and, fortunately, was **quite** successful.

2. Adverbes indéfinis de temps et de lieu:

- *Certaines gens prennent plaisir à **toujours** se faire prier.* Certain people like to be begged **all the time.**

- *L'aéroport a **bientôt** déversé sur New York des milliers de visiteurs.* From the airport thousands of visitors **soon** poured forth into New York.

- *Les éclairs traversent le ciel et pourtant le tonnerre ne se fait **nulle part** entendre.* Lightning crisscrosses the sky and yet **nowhere** is thunder to be heard.

- *Il faut **en tout et partout** tenter de répandre l'amour et la paix.* One must **at all times and in all places** seek to spread love and peace.

3. Adverbes de manière:

- *Il est **souvent** arrivé au consul d'être invité à l'ambassade américaine.* It **often** happened that the consul was invited to the American embassy.

- *Le journaliste a **instantanément** regretté la remarque qu'il venait d'adresser à ses auditeurs.* The journalist **at once** regretted the remark he had just addressed to his listeners.

4. Les adverbes *bien, mal, mieux:*

- *Le conseil fit une proposition qui fut **bien** reçue par son président.* The council made a proposal that was **well** received by its president.

- *Dans le but de **mieux** lancer ses nouveaux produits, le magasin en offre des échantillons à tous ses clients.* With the aim of launching its new products **better,** the store is offering samples of them to all its customers.

Remarques diverses

1. Un complément circonstanciel de temps ou de manière s'intercale parfois entre le sujet (pourvu qu'il soit un substantif et non un pronom) et le verbe:

- *Le tirage de la revue, **cette année,** va augmentant à une allure vertigineuse.* The journal's circulation **this year** is increasing by leaps and bounds.

- *Un coup de sifflet **à ce moment précis** fit écho sur toute l'étendue du lac.* A blast of a whistle echoed **at that exact moment** over the entire lake.

- *La rédactrice en chef, **d'un geste impérieux,** congédia tout le personnel du bureau.* The editor, **with an imperious gesture,** dismissed the office's entire staff.

2. Un adverbe (*cependant, pourtant, toutefois, néanmoins,* etc.) ou un complément circonstanciel s'intercale parfois entre *ne* et *pas* dans une proposition négative:

- *La direction ne pourra **en toute probabilité** pas arrêter le programme définitif avant le début de l'année.* **In all probability,** management will not be able to draw up the definitive program before the start of the year.

- *Le journal n'a **du reste** pas été obligé de remplacer ses imprimeurs typographes par des machines automatiques.* **Moreover,** the newspaper was not forced to replace its printers by machines.

3. Les pronoms indéfinis *rien* et *tout* précèdent en général l'infinitif et le participe passé, sauf lorsqu'on veut les faire valoir de façon plutôt exceptionnelle:

- *Le témoin ne voulait **rien** dire.* The witness refused to say **anything.**

- *Le banquier a, de façon inopinée,* **tout** *mis à la disposition de notre agence.* The banker unexpectedly put **everything** at our agency's disposal.

REMARQUE: Noter la position de *rien* dans l'expression idiomatique *comme si de rien n'était* (*as if nothing were wrong*):

- *La femme a persisté dans son travail* **comme si de rien n'était.** The woman persisted in her work **as if nothing were the matter.**

60 | INVERSION

L'inversion du sujet et du verbe se fait fréquemment en français, et ce pour plusieurs raisons: assurer l'équilibre et l'harmonie, faire valoir le sujet en le situant en position finale, permettre à une proposition relative de suivre directement son antécédent.

Inversion obligatoire

1. Dans une phrase ou une formule optative (c.-à-d. exprimant un désir, un souhait) non introduite par *que:*

> *Vive la France!*
> *Périsse le tyran!*

2. Dans une proposition conditionnelle introduite par *n'était, n'eût été:*

- *N'était l'amour insensé qu'elle lui voue, elle l'aurait quitté il y a longtemps.* **If she were not so madly in love** with him, she would have left him long ago.
- *N'eût été l'individualisme étroit duquel il témoigna, l'assemblée aurait considéré sa candidature.* **Had it not been for the narrow individualism** that he displayed, the assembly would have considered his candidacy.

Inversion facultative

1. Après de nombreux adverbes tels que *ainsi (thus), peut-être, du moins, au moins, encore (even then, and yet), toujours (at any rate, in any case), à peine;* et après les conjonctions *aussi (so, therefore, consequently)* et *aussi bien (moreover, besides, for that matter):*

- *Ainsi débuta une ère nouvelle pour l'Europe, du moins l'affirmat-on.* **Thus began a new era** for Europe, **at least so it was said.**

- *Ce menuisier ne possède que quelques outils, encore sont-ils abîmés.* That carpenter owns only a few tools, **and even they are** damaged.

- *On lui reproche la moindre peccadille; toujours est-il qu'elle fait son devoir.* She is taken to task for the slightest fault, but she does her duty **anyhow.**

- *Ce pianiste doit patienter; aussi bien n'a-t-il que seize ans.* This pianist needs to be patient; **moreover, he is only** sixteen years old.

REMARQUE: Si le sujet est un pronom personnel ou *on*, l'inversion se fait presque invariablement (*en vain semblait-il écouter les réponses; du moins pensa-t-on de la sorte*). Si le sujet n'est ni un pronom personnel ni *on*, l'inversion se fait selon la construction suivante: sujet + verbe + pronom personnel correspondant (*à peine la lune s'était-elle levée; peut-être le vent se calmera-t-il*). L'emploi de *que* permet d'éviter l'inversion avec *peut-être: peut-être que le vent se calmera.*

2. Dans une proposition relative introduite par un pronom ou un adverbe relatif. ATTENTION: Beaucoup dépend de l'équilibre de la phrase. L'inversion se fait, par ex., si le sujet est plus long que le verbe ou s'il doit être mis en valeur en position finale:

- *Les pèlerins virent devant eux le saint qu'avaient vénéré d'innombrables croisés d'autrefois.* The pilgrims saw before them the saint **that numberless crusaders had venerated** in the past.

- *Ce hameau est renommé par son auberge que hante l'impériale présence de Napoléon.* This hamlet is renowned for its inn, **haunted by the imperial presence** of Napoleon.

- *Rien ne s'aperçoit sauf quelques mouvements furtifs dans un sombre ravin où se blottissent la louve et son louveteau.* One sees nothing except a few furtive movements of **the she-wolf and her cub cowering in** a dark ravine.

- *L'immeuble semblerait abandonné, n'était une pièce à l'étage inférieur d'où émanent des bruits plutôt inquiétants.* The building would seem to be abandoned, except for a room on the floor below **from which rather disturbing sounds pour forth.**

REMARQUE: L'inversion est obligatoire:

A. afin d'éviter qu'une forme du verbe *être* soit en position finale:

- *Les écologistes d'aujourd'hui sont ce qu'étaient les romantiques.* Today's ecologists are **what the romantics used to be.**

B. lorsque le sujet de la proposition relative est l'antécédent d'une deuxième proposition relative:

- *On trouve des régions **où s'échelonnent d'énormes pylônes dont n'oserait s'approcher le promeneur le plus hardi.*** There are regions **where the countryside is covered with enormous pylons that even the boldest hiker would not come near.**

C. lorsque le verbe de la proposition relative et celui de la proposition principale se suivraient l'un directement après l'autre:

- *La chambre de grenier **qu'habitait l'anachorète** répandait une douce lumière et l'odeur âcre d'encens.* A diffuse light and the pungent odor of incense emanated from the attic room **where the anchorite lived.**

3. Dans une question indirecte comportant un adverbe de quantité, manière, temps, etc.:

- *L'histoire note **combien ont souffert les peuples de l'Indochine** pendant la guerre et même longtemps après.* History notes **the extent to which the peoples of Indochina suffered** during the war and long afterward.

- *Le public réussit à savoir **comment s'était terminé le scandale** provoqué par les deux gouvernements.* The public succeeded in learning **the result of the scandal** caused by the two governments.

4. Dans une proposition introduite par la tournure *c'est . . . que:*

- ***C'est** dans un univers mythique **que s'est installée l'imagination** de cet auteur.* That author's **imagination dwells in** a mythical universe.

- ***C'est** en complicité avec le geôlier **que s'évadèrent les prisonniers politiques.*** **The political prisoners escaped** with the help of the jailer.

5. Dans une phrase introduite (pour la mise en relief) par un adverbe ou un complément circonstanciel de temps ou de lieu, surtout si le sujet est sensiblement plus long que le verbe:

- *Dans un pavillon du zoo **se trouvent uniquement les animaux** qui rôdent la nuit.* In one of the zoo's buildings **you find only animals** that roam at night.

- *À très peu de distance **gronde le tonnerre,** avant-coureur d'une tempête spectaculaire.* Only a short distance away **thunder rumbles,** heralding a spectacular storm.

- *Tout d'un coup **se dessina** dans la brume **un énorme paquebot** passant à toute vitesse.* All of a sudden **an enormous steamship,** traveling at full speed, **stood out** in the fog.

● *Autrefois en hiver **habitaient** dans la région **de véritables communautés de skieurs.*** In winters past, **veritable communities of skiers lived** in the region.

6. Après une conjonction marquant le temps:

● *La célébrité disparut **dès (aussitôt) qu'arrivèrent les journalistes et les photographes.*** The celebrity disappeared **as soon as the reporters and photographers arrived.**

● *Au fur et à mesure que s'améliorait sa santé,* Michel donnait libre cours à un égotisme foncier. **As his health progressively improved,** Michel indulged in a deep-rooted egotism.

● *Après que fut conquise l'estime de son adversaire,* l'ennemi demanda la paix. The enemy sued for peace **after having gained its adversary's esteem.**

7. Après *comme* quand il s'agit d'une comparaison:

● *La paysanne a abrité le pauvre chemineau, **comme l'aurait fait toute personne au grand cœur.*** The peasant woman gave shelter to the poor vagrant, **as any good-hearted person would have done.**

8. Après *tant* lorsqu'il y a adjectif attribut, ou après un adjectif attribut situé en début de phrase (valeur affective):

● *De longues promenades sont possibles tous les jours, **tant est propice le climat*** de cette île au soleil. **The climate is so fine** on this island in the sun that you can take long walks every day.

● *Innommables sont les crimes* tentés par les bandes de terroristes. **The crimes** attempted by terrorist gangs **are unmentionable.**

9. Avec certains verbes dénotant une action ou un geste, surtout lorsque le sens du sujet l'emporte sur celui du verbe:

● *Advinrent les événements* de mai 68, que d'aucuns prétendaient être la vraie libération du peuple. **Then there occurred the events** of May 1968, which some claimed to be the real liberation of the people.

● *Surgit devant nous l'irréelle apparition* d'Aurélia, femme mythique. **There arose** before us **the dreamlike apparition** of the mythical woman Aurelia.

● *Suivit une scène merveilleuse, un spectacle féerique.* **Then came a wondrous scene, a magical spectacle.**

REMARQUE: Le procédé est usuel dans le style officiel et juridique:

- *Ont été reçus à la Maison-Blanche **les ministres** des pays étrangers, **les sénateurs, les gouverneurs** des états, **les maires** des villes, **les grands hommes d'affaires** de Washington . . .* **A reception was held** at the White House **for ministers** of foreign countries, **senators,** state **governors,** city **mayors,** Washington **business leaders** . . .

10. Dans les tournures idiomatiques *puisque . . . il y a* et *si . . . il y a,* l'objet direct précède l'expression *il y a:*

- *Le danger, **si (puisque) danger il y a,** retardera encore le départ des navires.* The danger, **if (since) there is a danger,** will again delay the ships' departure.

10 | LA MISE EN RELIEF

En général, en français la fin de la phrase ou du groupe rythmique porte l'accent et le sens. Cependant, lorsqu'il y a émotivité ou affectivité, l'appui principal se déplace, souvent de la fin au début de la phrase ou du groupe. Il s'ensuit qu'il faudra souvent changer l'ordre usuel des mots afin de faire ressortir un élément particulier de la phrase en le plaçant soit à la fin, soit au début. En utilisant les divers procédés de mise en relief, il faut toutefois respecter soigneusement le rythme, l'équilibre syntaxique et conceptuel: ne pas, par ex., situer en position initiale un mot ou une expression qui aurait une importance insuffisante; ne pas situer en position finale un mot ou une locution qui, manquant de poids et d'ampleur, serait éclipsé par ce qui précède dans la phrase.

61 | MISE EN RELIEF DU SUJET

1. Le situer en position finale. Si le sujet est un substantif, le faire précéder du pronom correspondant; si le sujet est un pronom, le répéter sous sa forme tonique:

- *Elles seront enfin livrées, mes **boîtes de livres rares.*** At last my **boxes of rare books** will be delivered.
- *Il a étonné les marchands, ce nouveau **règlement.*** This new **ruling** astonished the merchants.
- *Elle croyait évidemment au progrès social, **elle.** **She** evidently believed in social progress.

2. Le situer en position finale en recourant à une construction au passif ou à l'actif:

- *L'athlète n'était plus handicapé **par de graves spasmes musculaires.** Serious muscle spasms** no longer handicapped the athlete.

- *Pour les amuser, on a donné aux enfants **des crayons de pastel et du papier coloré**.* **Crayons and colored paper** were given to the children to amuse them.

3. Le situer en position finale en employant une forme verbale impersonnelle:

- *Sur ces entrefaites, il se produisit **un incident des plus étranges**.* In the midst of all this, **the strangest incident** occurred.

- *Il est enfin permis aux États-Unis d'**entretenir des rapports avec la Chine*** (*Entretenir des rapports avec la Chine est enfin permis aux États-Unis*). The United States is at last allowed to **maintain relations with China.**

- *Il ne m'est pas souvent arrivé de **me lamenter sur mon sort**.* I have seldom had occasion to **bemoan my lot in life.**

4. Le situer en position initiale. Si le sujet est un substantif, le répéter sous la forme d'un pronom; si le sujet est un pronom, employer la forme tonique suivie de la forme atone; si le sujet est une proposition infinitive, la répétition se fait moyennant *ce* ou *cela:*

- ***Le médecin, lui,*** *revendiquait le mérite de la récente découverte.* **The doctor** claimed credit for the recent discovery.

- ***Elle, elle*** *se répète à tout bout de champ.* **She** repeats herself at every available opportunity.

- *Mais **moi, je** ne pouvais pas convoquer l'assemblée générale.* But **I** was unable to convoke the general assembly.

- ***Ne pas vouloir communiquer avec eux, cela*** *équivaut à un refus de leur amitié* (***c'est** refuser leur amitié*). **Not wanting to communicate with them** is tantamount to refusing their friendship.

5. Employer l'inversion (voir § 60).

62 | MISE EN RELIEF DE L'OBJET DIRECT

1. Le situer en position finale. Si l'objet est un substantif, le faire précéder du pronom correspondant; si l'objet est un pronom, le répéter sous sa forme tonique:

- *Après de longs et pénibles mois de froid et de neige, les fermiers **la** souhaitent, **l'arrivée du printemps**.* After long, arduous months of cold and snow, farmers welcome **the arrival of spring.**

- *Ce sera un réel plaisir de **le** garder, **lui**.* It will be a real pleasure to look after **him.**

2. Le situer en position initiale et le répéter sous la forme du pronom correspondant:

- *Ce cheval, il a fallu six hommes pour le maîtriser.* It took six men to subdue **that horse.**
- *Les ficelles de marionnette, on doit les tirer avec beaucoup d'art et d'attention.* Pulling **puppet strings** requires much know-how and attention.

Autres moyens de faire valoir sujet ou objet

1. Employer *c'est* + l'élément à souligner + *qui* ou *que,* soit au début, soit à la fin de la phrase:

- *C'est la liberté même qui est l'enjeu de notre lutte quotidienne.* **Liberty itself** is at stake in our daily struggle.
- *Chez ce critique, c'est le parti pris de dénigrer toute la culture allemande qui frappe surtout.* What is most striking about that critic is **his rank obstinacy in denigrating all of German culture.**
- *Ce seraient des médicaments miraculeux que l'on prend pour tout guérir instantanément.* **It is supposedly miraculous medicine, which** one could take to cure everything instantly.

2. Utiliser une expression prépositive quelconque:

- *En ce qui (Pour ce qui) concerne la musique médiévale en Europe, elle fut considérablement influencée par l'Orient.* **Medieval music in Europe** was considerably influenced by the Orient.
- *Quant au coloris du style, il est mal vu de nos jours.* One does not look well upon **stylistic brilliance** these days.

3. Utiliser, d'une manière restreinte, la répétition, de préférence avec un adjectif accompagnant le sujet ou l'objet répété:

- *Un aigle, un aigle majestueux plana sur la prairie.* **An eagle, a majestic eagle** soared above the prairie.
- *Les bois retentissaient de hurlements, de lugubres hurlements.* The woods echoed with **howls, lugubrious howls.**

---

63 | MISE EN RELIEF DE L'ATTRIBUT

1. Employer *c'est . . . que:*

- *C'est une saison difficile que l'été sous les tropiques.* Summer **is a difficult season** in the tropics.

- *Ce sera à jamais un problème insoluble à l'esprit humain que l'existence de Dieu.* The existence of God **will forever remain an insoluble problem for the human mind.**

- *C'étaient des hommes admirables entre tous que les écrivains et les voyageurs de la Renaissance.* Renaissance writers and travelers **were among the most admirable of men.**

2. Utiliser une expression introduite par la préposition *pour:*

- *Pour un livre difficile à aborder, en voilà un qui est difficilement abordable!* **Speaking of books that are hard to read,** now there is one that is really hard!

| **64** | MISE EN RELIEF DE L'OBJET INDIRECT INTRODUIT PAR UNE PRÉPOSITION |

1. Le situer en position finale (l'emploi de la préposition étant obligatoire) et le faire précéder du pronom correspondant:

- *Il faut y faire face, aux responsabilités les plus lourdes.* One must face **the most onerous responsibilities.**

- *Les visiteurs vous en savent gré de ces inoubliables promenades et dîners en Beaujolais.* Visitors are grateful to you **for those unforgettable walks and dinners** in the Beaujolais country.

2. Le situer en position initiale (l'emploi de la préposition étant facultatif) et le répéter sous la forme du pronom correspondant:

- *(De) leur proposition démentielle, le jeune invité n'en revenait pas.* The young guest could not get over **their insane proposition.**

- *Du fait que le manoir reste vide, on peut en conclure que les propriétaires s'absentent pendant l'hiver.* **The fact that the country house remains empty** leads one to conclude that the owners are away for the winter.

- *L'amour et la haine, il y pense de façon obsessionnelle comme à des émotions interchangeables.* He thinks obsessively **of love and hate** as interchangeable emotions.

3. Employer *c'est . . . que:*

- *C'est à de fabuleuses îles tropicales que rêvaient les marins d'autrefois.* Sailors of long ago used to dream **of fabled tropical islands.**

65 | MISE EN RELIEF DU COMPLÉMENT CIRCONSTANCIEL (LIEU, TEMPS, MANIÈRE)

1. Le situer en position finale ou initiale:

Lieu

- *La piraterie réussit surtout **en Amérique.*** Piracy thrived, especially **in America.**
- ***Voilà où** se trouve la Caverne du Loup.* **There** is the Cavern of the Wolf.

Temps

- *Le joueur de flûte ne revint **sa vie durant.*** The piper never returned **during his entire life.**
- ***Depuis trois mois,** les bûcherons abattent les arbres et les scient.* **For three months now,** the lumbermen have been felling trees and sawing them.

Manière

- *Dans la brise, les prés de pâquerettes ondulent **lentement mais perpétuellement.*** The fields of daisies ripple **slowly but constantly** in the breeze.
- ***D'un air dégagé,** l'accusé répondit aux questions que le juge a dû lui poser.* **Casually,** the defendant answered the questions that the judge had to ask him.

2. Utiliser *c'est . . . que:*

Lieu

- ***C'est ici précisément qu'**a eu lieu le célèbre rendez-vous amoureux.* **It is here exactly that** the famous lovers' tryst took place.

Temps

- ***C'est après de longues années que** la Desqueyroux réalise sa libération.* **It is many years later that** the Desqueyroux woman achieves her liberation.

Manière

- ***C'est sans troubler la sérénité du soir que** les oiseaux se sont envolés vers le nord.* **Without disturbing the evening peace at all,** the birds flew off toward the north.

3. Employer, judicieusement, la répétition:

Lieu

- *Le détective trouva les fusils **là, juste là**.* The detective found the guns **there, right there.**

Temps

- ***Pendant des années et des années,** il fut question de revoir globalement le système d'instruction publique.* **For years and years** there was a question of reexamining in full the public education system.

Manière

- *Le grand-père se plaisait à raconter **en détail, mais en minutieux détail**, des histoires mortellement ennuyeuses.* The grandfather enjoyed recounting **in detail, minute detail,** stories that were excruciatingly dull.

4. Utiliser les expressions idiomatiques (*et*) *voilà que, (et) ne voilà-t-il pas que*** pour mettre en valeur le soudain ou l'inattendu de lieu, temps ou manière:

- ***(Et) voilà qu'en plein pays montagneux** se posa une volée de goélands.* **Surprisingly,** a flock of gulls alighted **in the heart of mountain country.**

- ***Voilà que devant les spectateurs** apparut le vaisseau fantôme de Manosque.* **Suddenly** there appeared **before the spectators** the phantom ship of Manosque.

- ***(Et) ne voilà-t-il pas qu'avec un souverain mépris**, l'acteur quitta la scène pendant la représentation même.** **Incredibly enough, and with supreme contempt,** the actor left the stage during the performance itself.

---

66 | MISE EN RELIEF DE L'ADJECTIF

1. Le situer en position finale:

- *Les ascensionnistes ne trouvèrent le skieur que quelques semaines plus tard, **mort** d'inanition.* It was a few weeks later only that the mountain climbers found the skier, **dead** of starvation.

- *La chambre à coucher de Marie-Antoinette reste telle qu'elle était à l'époque, **somptueuse et impeccable**.* Marie Antoinette's bedroom remains as it was at the time: **impeccably sumptuous.**

2. Le situer en position initiale:

- *Hiératique fut Senta depuis le début jusqu'à la fin de cet opéra.* From the beginning to the end of this opera, Senta remained **a hieratic figure.**
- *Radieux est le petit garçon, qui dessine sur le sable des châteaux imaginaires.* The little boy is **radiant with joy** as he sketches imaginary castles in the sand.
- *Remarquable est ce récit de la construction d'un roman.* This narrative of the construction of a novel is **remarkable.**

3. Utiliser, de façon restreinte, une expression introduite par une préposition:

- *Pour ce qui est d'être réussie, cette entreprise l'est sans aucun doute.* This enterprise is without any doubt **a success.**
- *Pour riche, Picasso compte parmi les peintres les plus riches.* **As for being rich,** Picasso ranks among the richest painters.

4. Employer, avec soin, la répétition:

- *Les chefs d'état devraient faire preuve d'une probité indiscutable, mais indiscutable.* Heads of state should display **really unquestionable** honesty.

---

67 | MISE EN RELIEF DU VERBE

À part l'emploi, évident, d'un adverbe ou d'un complément circonstanciel pour renforcer le verbe, il existe d'autres procédés aptes à le faire valoir.

1. Le situer en position initiale, moyennant une tournure impersonnelle:

- *Il s'est produit une explosion aux usines d'armements.* An explosion **occurred** at the arms factories.

2. Employer *c'est que:*

- *Le « Nouveau Roman » français perd de son lustre, c'est que le « Nouveau Nouveau Roman » lui a succédé.* The glory of the French "New Novel" is fading; **in fact,** the "New New Novel" **has replaced it.**
- *C'est que toute forme d'art périt à défaut d'un public qui y croit.* **The fact is that** all art forms **perish** for lack of a public that believes in them.

3. Utiliser une tournure introduite par une préposition:

- ***Quant à connaître à fond*** *l'histoire contemporaine, elle la connaît mieux que personne.* **As an expert on** contemporary history, no one is her equal.

4. Employer, avec soin, la répétition:

- *La neige prend et le vent **souffle, souffle ferme** du nord.* The snow is settling and the wind is **blowing, blowing hard** from the north.

---

68 | MISE EN RELIEF DE L'ÉNONCÉ AFFIRMATIF

1. Se servir de la proposition principale avec une tournure impersonnelle ou un adverbe:

- ***Il est avéré (acquis) que*** *la société néglige déraisonnablement les personnes âgées.* **It is an established fact that** society unconscionably neglects the aged.
- ***Assurément que*** *le pape manifestera sa présence en Pologne.* The pope will **undoubtedly** make his presence felt in Poland.

2. Employer *c'est que, le fait est que* [*indeed, the fact (of the matter) is that, in point of fact*]:

- ***C'est que*** *le Français est des races les plus vaillantes qui soient.* **In point of fact,** the French are among the most stalwart of races.
- ***Le fait est que*** *le gouvernement prévoit le ravalement de façade de toutes les églises importantes en France.* **In fact,** the government foresees the sandblasting of all important churches in France.

3. Y ajouter un mot ou une expression qui renforce l'idée principale:

en effet, effectivement	in actual fact, in reality
obligatoirement	compulsorily, without fail
sans (aucun) contredit	unquestionably, without any doubt
de tous points de vue	from all angles
il va de soi que	it stands to reason, goes without saying
il faut dire que	one must admit that, it must be said that
bien	indeed, really, to be sure
(et) même, voire	even, indeed

- *La police se sentait **bien** rassurée.* The police felt **quite** reassured.
- *La femme l'a regardé **bien** en face.* The woman looked at him **squarely** in the face.
- *Il y a **bien** cinq ans que cet accident a eu lieu.* It has been **fully** five years since that accident happened.
- *Cette passion était **bien** le mobile de tous ses actes.* Every action of hers was **surely** prompted by this passion.
- *Les témoins demeuraient étonnés, **et même** ébahis, devant les paroles prononcées.* The witnesses were surprised, **indeed** stupefied at the words they heard spoken.
- *Cet homme pourrait être élu sénateur, **voire** président.* That man could be elected senator and **even** president.

69 | LE SUPERLATIF

1. Se servir de (*tout*) *ce qu'il y a de plus*, *on ne peut plus*, *on n'est pas plus* + un adjectif:

- *Ça prétend être intelligent mais c'est **on ne peut plus ignare.**** They claim to be intelligent, but they are **totally illiterate.**
- *Ils sont pauvres à en mourir et pourtant ils sont **on ne saurait (on ne peut) plus vaillants et généreux.*** They are poor as dirt and yet **infinitely courageous and generous.**

2. À l'adjectif au positif, ajouter l'expression *entre tous* (*toutes*) ou *entre* + la forme superlative du même adjectif ou d'une variante:

- *La critique dans les journaux du lendemain matin a rendu le metteur en scène **heureux entre tous (heureux entre les plus heureux).*** The reviews in the following morning's newspapers made the director **the happiest man alive.**

3. Employer *au possible* (précédé de l'adjectif au positif) ou *du monde* ou *qui soit au monde* (précédé de l'adjectif au superlatif):

- *Le représentant de la société s'est montré **scrupuleux au possible.*** The company's representative **could not have been more scrupulous.**
- *La cathédrale de Chartres est parfois reconnue comme **la plus magnifique du monde (qui soit au monde).*** The cathedral of Chartres is sometimes recognized as **the most magnificent in the world.**

4. Utiliser *des plus* + un adjectif au pluriel:

- *La basilique de Fourvière est **des plus vulgaires.*** The basilica of Fourvière is **eminently vulgar.**

- *Le vin français est **des plus célèbres.*** French wine is **universally famous.**

5. Employer les expressions *s'il en fut (jamais), si jamais il en fut* (l'adjectif étant au positif), ou *qui fut jamais, qui jamais fut* (l'adjectif étant au superlatif):

- *C'est une idée géniale **si jamais il en fut.*** It is a brilliant idea **if ever there was one** (a **most** brilliant idea).

- *En plus de la vie musicale la plus riche **qui fut jamais,** la ville est renommée pour ses troupes théâtrales.* In addition to the richest musical life **that ever there was,** the city is renowned for its theater companies.

INDEX*

---

* Numbers refer to pages, not sections.

115